L'ADMINISTRATION

DU MARQUIS

DE POMBAL.

TOME SECOND.

L'ADMINISTRATION

DE SÉBASTIEN-JOSEPH

DE CARVALHO ET MÊLO,

COMTE D'OEYRAS,

MARQUIS DE POMBAL,

Secrétaire d'État, & Premier Ministre du Roi de Portugal Joseph I.

TOME SECOND.

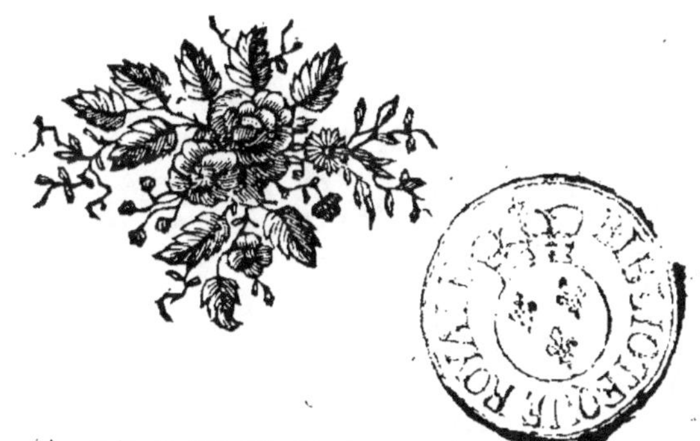

A AMSTERDAM.

M. DCC. LXXXVI.

L'ADMINISTRATION
DU MARQUIS
DE POMBAL.

LIVRE V.

CHAPITRE PREMIER.

Changement avantageux dans le Gouvernement.

LA vérité a un tel afcendant fur l'efprit humain, qu'elle perce au travers du menfonge. On a beau vouloir la déguifer, partout où elle eft, elle fe montre. L'Auteur des Mémoires en fait un aveu, qui doit fervir ici de conviction. « Carvalho, dit-il,

» en entrant dans le Miniſtère , rétablit
» l'ordre dans toutes les parties du Gou-
» vernement. Il travailla avec ardeur à
» mettre en vigueur les Finances, la Ma-
» rine , la Navigation, le Commerce.

» L'Agriculture fut encouragée ; de nou-
» veaux Arts & de nouvelles Manufactures
» furent établis. La milice parut ſous un nou-
» veau génie : en un mot, les plus grandes
» réformes furent frappées ».

Il ſuffiroit de cet aveu dicté par ceux-
mêmes qui ont cherché depuis à flétrir la
réputation de ce Miniſtre , pour éterniſer
ſa mémoire.

Ceux qui ſavent combien il eſt difficile
de faire ſortir une nation de l'inaction où
elle croupit depuis pluſieurs ſiècles, con-
viendront que Carvalho commença ſon
Adminiſtration par où les plus grands hommes d'Etat finiſſent la leur. Cependant ,
rapportons ici quelques - uns de ſes réglemens. Nous venons de voir l'état où étoit
la Monarchie ; nous allons voir ce qu'il fit
pour la rétablir.

CHAPITRE II.

Carvalho fait publier une Ordonnance pour fixer le numéraire dans le Royaume.

LA première loi que fait ce Miniftre eft celle qui montre le plus fa fageffe, c'eft-à-dire, fon économie, qui, dans nos temps modernes où les richeffes font la puiffance, eft la première vertu de l'homme d'Etat.

On a déjà dit que le Portugal, qui pouvoit être le Royaume le plus riche de l'Univers, étoit le plus pauvre de l'Europe. On a vu auffi la caufe de l'épuifement de fon numéraire. Pour remédier à ce mal, ce Miniftre engage le Roi à donner une ordonnance contre la fortie de l'efpèce. Cette loi étoit établie depuis la fondation de la Monarchie, mais on l'avoit négligée comme une infinité d'autres ; dont on ne connoît la néceffité que par les abus qui naiffent de leur négligence.

Les Portugais n'ayant que leur or pour pourvoir à leurs befoins, il étoit contre les régles de l'équité de leur défendre de les payer avec le feul moyen qu'ils avoient pour les acheter.

Cela paroiffoit injufte , & ce ne l'étoit pas. Les denrées & les genres du Bréfil & de l'Etat principal peuvent former la première balance entre les échanges des Manufactures angloifes & les premières matières du Portugal. Il eft vrai qu'elles ne fuffifoient pas pour fe pourvoir du superflu. Et c'étoit fur ce fuperflu que la loi ftipuloit. Il devoit donc arriver de deux chofes l'une , ou que les Portugais acheteroient moins de chofes de luxe, ou que les Anglois en les vendant feroient punis par la confifcation de l'or qu'ils recevroient en paiement , ce qui en diminueroit l'exportation. L'Auteur des Mémoires avoue que cet Edit , propre à mettre un frein à l'avidité angloife , étoit jufte , fage , propre à obtenir l'approbation des politiques.

Quoi qu'il en foit , il eft certain que,

depuis cette loi, l'exportation de l'or fut moindre, & qu'on ne vit plus comme auparavant des fommes immenfes difparoître du Portugal à l'arrivée des flottes du Bréfil. Il fuffit fouvent d'un réglement pour rémédier à des maux qui ont affligé longtemps un Gouvernement.

La nouvelle de cet Edit fut à peine portée en Angleterre, que la nation en prit l'alarme. Priver un peuple d'une richeffe d'où elle tire fon opulence, c'eft lui couper les nerfs de fa puiffance. L'affaire étoit trop férieufe pour fe borner aux fimples repréfentations. La Cour de Londres expédia un Ambaffadeur pour empêcher l'effet de l'ordonnance. C'étoit Mylord Tirawley.

Le difcours qu'il adreffa au Roi à ce fujet, eft digne d'être rapporté. On y voit une politique fine & adroite, qui, fous prétexte du bien public, ramène tout à fes intérêts particuliers. Il commence par flatter le Monarque, afin de le difpofer à ce qu'il veut de lui. Enfuite il a recours à Dieu, dont la providence, à ce qu'il dit , veut que les richesses soient d'un côté, & l'industrie de l'autre, pour maintenir l'ordre dans les Gouvernemens économiques. Des prières il passe aux menaces, & annonce la guerre au Portugal, s'il ne veut pas se dépouiller de son numéraire en faveur de l'Angleterre.

«Sire, Votre Majesté ne peut être assez
» louée de l'attention qu'Elle a toujours
» apportée aux affaires du Gouvernement:
» la preuve qu'elle vient d'en donner dans
» l'examen qu'elle a fait du commerce,
» montre suffisamment ses qualités royales,
» qui la rendroient digne de porter une
» couronne, si celle qu'elle a sur la tête
» ne lui avoit été transmise par une lon-
» gue & glorieuse suite de Rois ses an-
» cêtres.

» Mais permettez-moi, Sire, d'observer
» qu'il est un grand Roi par qui tous les
» autres régnent, & dont la providence
» régle l'administration des choses humai-
» nes. Chaque peuple a son lot. Les ri-
» chesses appartiennent à certaines nations,

» l'induſtrie à d'autres, & par cet arrange-
» ment, la libéralité du Ciel les fait toutes
» égales.

» Tous les conſeils humains ſont vains,
» lorſqu'ils ſont contraires à ſa gloire; &
» toutes les Puiſſances foibles, lorſqu'elles
» ne s'accordent pas avec ſa volonté.
» Votre Majeſté a défendu l'exportation
» de l'or; la choſe eſt impraticable. Vous
» pouvez, Sire, réprimer vos ſujets, mais
» non mettre des bornes à leurs beſoins.
» Suppoſons, pour un moment, que cela
» ſoit poſſible, & que par un décret vous
» ruiniez les Puiſſances du Nord, quelle
» en ſeroit la conſéquence ? La voici. Ceux
» qui cultivent les campagnes, les Mar-
» chands de beſtiaux, tous les Manufactu-
» riers qui travaillent maintenant dans leurs
» maiſons pour habiller vos ſujets, ſe fe-
» roient ſoldats : les vaiſſeaux marchands
» qui rempliſſent votre port de Lisbonne,
» ſe changeroient en flottes, & iroient au
» Bréſil ſe ſaiſir de plus d'or que le Portu-
» gal ne ſauroit leur en donner ».

Vous pouvez réprimer vos sujets, mais non pas mettre des bornes à leurs be-soins. Quand l'avarice elle-même eût parlé en perſonne, elle ne ſe fût pas exprimée autrement.

Il y a déjà quelque temps que l'on placé la Providence à côté du ſyſtême des Etats : on a recours au Ciel pour expliquer les combinaiſons économiques de la terre : on attribue aux cauſes premières, ce qui n'eſt que l'effet des ſecondes. L'ambition, à qui tout ſert de prétexte pour remplir ſes vues, fait entrer la ſageſſe du Créateur dans les arrangemens de la créature. Cette diſtri-bution que les arts donnent aux nations, devient dans le ſyſtême des politiques un décret de Dieu, dont, ſelon eux, on ne peut s'écarter ſans devenir rebelles.

On ne fait pas attention que la commu-nication entre les continens ſéparés par des mers immenſes, a été l'affaire du ha-ſard. On oublie que les portes de l'univers ne ſont ouvertes que depuis deux ſiécles & demi, Si l'Auteur de la nature avoit voulu cette communication dont on fait aujourd'hui un fyftême, il eût donné aux différens peuples des befoins communs & une langue générale, pour pouvoir s'entendre. Tout femble au contraire prouver que chaque fociété particulière a été faite pour former un monde à part : l'efprit, le génie, les mœurs, les inclinations, la manière de s'habiller & de fe nourrir le démontrent. Auffi l'avarice & l'ambition n'eurent pas plutôt forcé cette ligne de démarcation qui fépare les deux Mondes, que des maux affreux affligèrent l'Europe : une maladie inconnue à nos pères vint attaquer l'homme dans le fein de la vie & des plaifirs. De nouvelles denrées nous apportèrent de nouveaux maux. Il faut que chaque Etat ait en lui la fource de fes befoins, & que fon induftrie nationale la rende indépendante de toute induftrie étrangère. Céci eft fi exact, que les trois grandes Puiffances de l'Europe font confifter en ceci toute leur politique.

Chaque nation a une mefure de befoins

physiques que son continent ne lui refuse jamais : il suffit pour cela que le Gouvernement maintienne l'émulation dans les Arts. C'est pour avoir négligé cette maxime, que plusieurs Monarchies qui devroient jouir d'un grand pouvoir, se trouvent aujourd'hui sans puissance.

Carvalho, sans faire attention au discours de l'Ambassadeur, soutint la Loi ; mais s'étant apperçu que les Bretons y dérogeoient, il s'en plaignit hautement. La facturie se retrancha sur la négative. Le Ministre demanda aux Négocians Anglois de représenter leurs livres. Ils n'eurent garde de les ouvrir : ils s'en défendirent sous différens prétextes ; mais le véritable étoit, qu'ils craignoient la conviction de ce dont on les accusoit. Depuis cette époque, il sort du Portugal un peu moins de numéraire, qu'il n'en sortoit auparavant. C'est déjà beaucoup d'ôter quelque chose à une nation qui veut avoir tout.

Ceux qui ne jugent des nouveaux Réglemens que par certains effets qui se pré-

fentent d'abord , ne trouveront dans celui-
ci qu'une économie fur l'efpèce ; mais le
politique y voit un coup d'état. Les Négocians Anglois à qui depuis la Loi on dif-
pute à Lisbonne les paiemens pour le produit de leurs manufactures , en emporte-
ront moins : ainfi la proportion s'établira
d'elle-même entre l'or du Bréfil & l'induftrie de l'Angleterre.

CHAPITRE III.

Loix pour réprimer une licence fcanda-
leufe.

UN homme de beaucoup d'efprit a eu
beau publier dans le meilleur livre que
nous ayons, que les Etats monarchiques
ont moins befoin de bonnes mœurs que
les républicains ; il fera toujours vrai que
dans quelque Gouvernement que les hommes vivent, la corruption fera le premier
fléau de la Société politique. Que ce foit
un Roi ou un Sénat qui dirige l'Empire,
les bonnes mœurs y font auffi néceffaires.
Il eft vrai que dans la République il y a
un reffort de plus, qui eft celui de la vertu :
au lieu que l'honneur fuffit dans la Monarchie, qui n'a pas befoin de mœurs fi
rigides ; mais il en faut, fans quoi l'Etat
eft perdu.

Au commencement du Miniftère de
Carvalho, Lisbonne vit naître un fcandale

qu'on ne connoiſſoit pas auparavant. Des libertins, dont les Capitales ſont remplies, & qui choiſiſſent toujours la nuit pour ſignaler leur débauche, voulant faire douter de l'honneur des jeunes Dames qui s'engageoient dans l'état du mariage, plantoient ſur les portes des nouveaux époux de ces marques d'ignominie (1) qui ſervent à rendre ſuſpecte la fidélité conjugale. Pour prévenir cette audace, qui ne tendoit à rien moins qu'à chercher à déshonorer les premières familles du Royaume, il fit publier un Edit très-rigide contre ceux qui ſe faiſoient un jeu de flétrir la répution des jeunes perſonnes du ſexe; & auſſi-tôt le déſordre ceſſa.

On a dit, & quelques-uns ont écrit, que ce n'étoit pas au Miniſtre des Affaires étrangères de ſe mêler de ces déſordres domeſtiques. Mais Carvalho, qui prévoyoit déjà de gouverner un jour la nation, crut qu'il devoit commencer par lui donner des

_____

(1) Des cornes.

mœurs. Peut - être que fans ces premiers réglemens les derniers euffent été fans effet. Tous ceux qui connoiffent la fcience du Gouvernement favent que la Société politique tient à des principes, qui, une fois violés, entraînent après eux le défordre & la confufion.

CHAPITRE IV.

Ordonnance pour diminuer l'autorité de l'Inquisition.

DE toutes les foiblesses qui se sont manifestées à la Cour des Rois, celle de l'inquisition est la plus injuste. Son nom seul fait honte à l'humanité. Donner une autorité suprême à des Prêtres; constituer des Moines les Juges de la vie des hommes, est contraire à toutes les constitutions politiques & civiles. Tant de grands hommes ont écrit sur ce Tribunal, qu'on ne peut que répéter ce qu'ils ont dit. Nous passerons vîte à la réforme que fit Carvalho d'une procession connue dans les Annales du Portugal, sous le nom d'*Auto-da-fé*: procession qui servoit de spectacle par la mort des infortunés qu'on traînoit au supplice. Ce jour affreux étoit le plus beau jour du Royaume; un grand bruit de cloches l'annonçoit aux habitans de la campagne & à ceux de la ville. Les rues étoient remplies de peuples, & les balcons des Palais occupés par des Dames & des Grands de l'Etat. Les Moines, fiers & orgueilleux de leur proie, marchoient en triomphe à la tête de ce convoi funèbre. Les premiers Seigneurs du Royaume fervoient d'Alguafils aux malheureux qu'on alloit exécuter. Le Roi & la Reine affiftoient à cette tragédie, qui finiffoit par le bûcher ou la potence. La fuperftition, en affoibliffant l'ame, donne à l'efprit un caractère qui rend l'homme méprifable.

Ce qui prouve le vice de ce Tribunal, c'eft de pouvoir lui reprocher impunément fa tyrannie. Ceux qui le dirigent n'ont jamais pu répondre à un Mémoire (1) qui leur a été adreffé au milieu de ce fiècle, à l'occafion d'une Juive de dix - huit ans qui fut brûlée à Lisbonne. L'Auteur dé-

---

(1) Rapporté par M. de Montefquieu, Auteur de l'Efprit des Loix.

clare

clare que, quoiqu'il foit Juif, il refpecte
la Religion chrétienne, & qu'il l'aime affez
pour ôter aux Princes, qui ne feront pas
Chrétiens, un prétexte plaufible pour les
perfécuter.

« Vous vous plaignez, dit-il aux In-
» quifiteurs, de ce que l'Empereur du Japon
» fait brûler à petit feu tous les Chrétiens
» qui font dans fes Etats; mais il vous ré-
» pondra : nous vous traitons, vous qui ne
» croyez pas comme nous, comme vous trai-
» tez-vous-mêmes ceux qui ne croient pas
» comme vous : vous ne pouvez vous plain-
» dre que de votre foibleffe qui vous em-
» pêche de nous exterminer.

» Mais il faut avouer que vous êtes bien
» plus cruels que cet Empereur. Vous nous
» faites mourir, nous qui ne croyons que
» ce que vous croyez, parce que nous ne
» croyons pas tout ce que vous croyez.
» Nous fuivons une Religion que vous fa-
» vez vous-même avoir été autrefois chérie
» de Dieu : nous penfons que Dieu l'aime

» encore , & vous penſez qu'il ne l'aime
» plus ; & parce que vous jugez ainſi , vous
» faites paſſer par le fer & par le feu ceux
» qui ſont dans cet erreur ſi pardonnable,
» de croire que Dieu aime encore ce qu'il a
» aimé.

  » Si vous êtes cruels à notre égard ,
» vous l'êtes bien plus à l'égard de nos en-
» fans ; vous les faites brûler , parce qu'ils
» ſuivent les inſpirations que leur ont don-
» nées ceux que la loi naturelle & les loix
» de tous les peuples leur apprennent à reſ-
» peƈter comme des Dieux.

  » Vous vous privez de l'avantage que vous
» a donné ſur les Mahométans la manière
» dont leur Religion s'eſt établie. Quand
» ils ſe vantent de leurs fidèles , vous leur
» dites que la force les leur a acquis , &
» qu'ils ont étendu leur religion par le fer :
» pourquoi donc établiſſez - vous la vôtre
» par le feu ?

  » Quand vous voulez nous faire venir à
» vous, nous vous objeƈtons une ſource dont

» vous vous faites gloire de descendre. Vous
» nous répondez que votre Religion est nou-
» velle, mais qu'elle est divine, & vous le
» prouvez, parce qu'elle s'est accrue par la
» persécution des payens, & par le sang
» de vos Martyrs : mais aujourd'hui vous
» prenez le rôle des *Diocletiens*, & vous
» nous faites prendre le vôtre.

» Nous vous conjurons, non pas par le
» Dieu puissant que nous servons, vous &
» nous, mais par le Christ que vous dites
» avoir pris la condition humaine pour vous
» proposer des exemples que vous puissiez
» suivre; nous vous conjurons d'agir avec
» nous, comme il agiroit lui-même, s'il
» étoit encore sur la terre. Vous voulez
» que nous soyons Chrétiens, & vous ne
» voulez pas l'être.

» Mais si vous ne voulez pas être Chré-
» tiens, soyez au moins des hommes : traitez-
» nous comme vous feriez, si, n'ayant que
» ces foibles lueurs de justice que la nature
» nous donne, vous n'aviez point une Re-

» ligion pour vous conduire , & une ré-
» vélation pour vous éclairer.

   » Si le Ciel vous a assez aimés pour vous
» faire connoître la vérité , il vous a fait une
» grande grace : mais est-ce aux enfans qui
» ont l'héritage de leur père , de haïr ceux
» qui ne l'ont pas eu ?

   » Que si vous savez cette vérité , ne nous
» la cachez pas par la manière dont vous
» nous la proposez. Le caractère de la vé-
» rité , c'est son triomphe sur les cœurs
» & sur les esprits , & non pas cette im-
» puissance que vous avouez , lorsque vous
» voulez la faire recevoir par des sup-
» plices.

   » Si vous êtes raisonnables , vous ne de-
» vez pas nous faire mourir , parce que
» nous ne voulons pas vous tromper. Si
» votre Christ est le Fils de Dieu , nous
» espérons qu'il nous récompensera de n'a-
» voir pas voulu profaner ses Mystères :
» & nous croyons que le Dieu que nous
» servons vous & nous , ne nous punira

» pas de ce que nous avons souffert la mort
» pour une religion qu'il nous a autrefois
» donnée, parce que nous croyons qu'il
» nous l'a encore donnée.

» Vous vivez dans un siécle où la lumiè-
» re naturelle est plus vive qu'elle n'a ja-
» mais été, où la philosophie a éclairé les
» esprits, où la morale de votre Evangile
» a été plus connue, où les droits réf-
» pectifs des hommes les uns sur les au-
» tres, l'empire qu'une confcience a sur
» une autre confcience, sont mieux éta-
» blis. Si donc vous ne revenez pas de vos
» anciens préjugés, qui, si vous n'y pre-
» nez garde, sont vos paffions, il faut
» avouer que vous êtes incorrigibles, in-
» capables de toute lumière & de toute
» inftruction, & une nation est bien mal-
» heureufe, qui donne de l'autorité à des
» hommes tels que vous.

» Voulez - vous que nous vous difions
» naïvement notre penfée ? Vous nous re-
» gardez plutôt comme vos ennemis, que

» comme les ennemis de votre Religion ;
» vous ne la laiſſeriez point corrompre par
» une ignorance grossière.

» Il faut que nous vous avertiſſions d'une
» choſe ; c'eſt que, ſi quelqu'un dans la
» poſtérité oſe jamais dire que dans le
» ſiécle où nous vivons, les peuples d'Eu-
» rope étoient policés, on vous citera,
» pour prouver qu'ils étoient barbares :
» & l'idée que l'on aura de vous, ſera
» telle, qu'elle flétrira votre ſiécle, &
» portera la haine ſur tous vos contempo-
» rains ».

De toutes les requêtes qui ont été adreſ-
ſées au bon ſens & à la raiſon, je n'en
connois aucune qui mérite mieux d'être ap-
pointée que celle-ci.

Le Miniſtre ne ſe contenta pas de
cette première réforme : il fut ordonné
qu'à l'avenir on ne feroit aucune exécution ſans le conſentement de la Cour.
C'étoit faire rentrer le Roi & les ſujets
dans leurs droits reſpectifs. Tous les Ju-

gemens rendus par l'Inquifition devoient
être mis fous les yeux du Confeil d'Etat,
pour être confirmés ou annullés. Cet Edit
renfermoit ce Tribunal dans fes juftes limites. C'étoit faire par une feule Loi, ce
que l'adminiftration de Portugal n'avoit
pas fait dans deux fiécles.

CHAPITRE V.

Ordonnance pour prévenir un abus qui s'étoit introduit au Bréfil fur les jeunes perfonnes du fexe qu'on deftinoit au célibat avant l'âge de réflexion.

Les Couvens, dans leur origine, furent établis pour fervir d'afyle à des vierges, qui ayant de bonne heure reconnu le néant des chofes humaines, s'en féparoient volontairement pour jouir dans le filence de cette paix intérieure qui ne fe trouve que dans la retraite. C'étoit une Inftitution bien fage : elle pourvoyoit non-feulement aux fecours du Ciel, mais même à ceux de la terre. Dans tous les rangs & toutes les conditions, les befoins phyfiques, & ceux de fuperfluité, occupent une partie de la vie. Les vierges qui fe confacrent au célibat, font déchargées de ce foin, qui dans toutes les autres conditions eft le premier de tous les foins.

Mais l'avarice , l'oftentation corrompirent un établiffement fait pour prévenir la corruption des mœurs.

Dans nos temps modernes , un père de famille qui a quatre filles , en deftine une pour le monde , & trois pour le cloître. Les Couvens deviennent des efpèces de prifons où on renferme de jeunes perfonnes du fexe qui n'ayant pas atteint l'âge de la réflexion , s'engagent dans l'état célibataire fans le connoître , & s'en repentent enfuite , après l'avoir connu : ainfi, ces maifons de retraite deviennent des lieux de trouble & de confufion ; car la paix & la tranquillité de l'ame font incompatibles avec le trouble & l'agitation : on ne fauroit jouir de cette première fans une vocation particulière ; lorfqu'on ne l'a pas , la raifon humaine eft trop foible pour la donner.

Dans l'âge où l'inftitution des ordres célibataires étoit dans fa ferveur , les vierges qui s'adonnoient au Ciel , ne laiffoient après elles aucunes traces des chofes du monde fur la terre ; plus de liaifons ,

plus d'amitié, plus de parenté, plus de famille : ces maisons Religieuses devenoient
des tombeaux remplis de morts qui n'a-
voient aucune communication avec les
vivans. Maintenant, cet état n'est plus iso-
lé ; il tient au monde par une infinité de
liaisons : il n'y a guère qu'une grille entre
les mœurs de la ville & celles des maisons religieuses ; même curiosité, mêmes
goûts, mêmes penchants, mêmes desirs
pour les plaisirs, même empressement pour
cette foule de fatuités que la morale condamne dans le monde, & que le monde lui-
même permet de condamner.

Le Brésil, depuis la découverte des
mines, avoit les mêmes défauts qu'on
reproche aux Européens qui jouissent d'une
grande fortune. Par-tout où les richesses
abondent, les mœurs sont corrompues :
on diroit que c'est de l'or que tous les
vices tirent leur source. Les Brésiliens
envoyoient leurs filles aux Couvens à Lisbonne, sous prétexte de leur donner une
meilleure éducation ; mais, en effet, pour

les faire Religieuſes ſans conſulter leur vocation. Pour rémédier à cet abus, Carvalho fit publier un Edit, par lequel il étoit défendu aux habitans du Bréſil, ſous des peines très-ſévères, d'envoyer leurs filles en Portugal ſans le conſentement du Roi. Ce qui devoit augmenter la population de l'Amérique, & diminuer le ſcandale dans les Couvens de l'Europe.

CHAPITRE VI.

Loi pour réunir à la Couronne plusieurs Fiefs qui en avoient été démembrés dans les nouveaux Mondes.

DE tous les maux qui affligent une Monarchie, celui de l'aliénation du domaine est le plus grand. Il faut que la Couronne appartienne en entier à celui qui la porte. Comment le Roi subviendra-t-il aux charges publiques, si l'état est partagé entre lui & ses sujets. Depuis Charlemagne, l'Europe est divisée en autant de Souverainetés qu'il y a de Princes régnans. Cependant il y a des Etats entre les Princes & les Sujets, ce qui cause une lézion dans le Gouvernement, à moins qu'il ne soit Républicain ; car alors la puissance politique est divisée entre ses membres ; mais dans le Gouvernement monarchique, c'est un vice capital. Une preuve que ces concessions sont des usurpations, c'est qu'elles se font toujours

dans des temps de trouble & de confusion.
On attend que l'Etat soit dans l'impuissance,
pour lui arracher ce qu'on n'eût jamais obtenu de lui, s'il eût conservé son pouvoir.

Un Prince peut bien, dans un cas pressant, aliéner les revenus du domaine, mais
non pas le domaine : c'est que le revenu
appartient à la personne, & les domaines
appartiennent à la nation : ainsi l'Etat, par
sa nature, est inaliénable, parce que lé Souverain ne peut point aliéner ce qui n'est point
à lui ; c'est la raison véritable pour laquelle
les Rois sont toujours mineurs, & que
leurs successeurs peuvent entrer dans le
bien qu'ils ont aliéné, sans quoi on verroit des Etats se fondre dans d'autres,
& s'affoiblir par de simples concessions.
Comment le Souverain ne jouiroit-il pas
de ses droits, puisque ses sujets en jouissent, ou sont à même d'en jouir : car qu'est-ce que la succession légale ? que la réunion entière d'un héritage qui passe sans
démembrement du père aux fils, & des
fils aux neveux, en cas que la ligne di-

recte s'éteigne , & que la collatérale reprenne ses droits. Le Prince a même une raison de plus que les particuliers , celle de pourvoir aux besoins toujours naissans de la République : il faut donc que l'Etat, pour rester dans sa première force , n'aliène aucune de ses parties ; c'est en quoi il sera d'autant plus foible que le domaine sera plus petit. On peut dire le même des conquêtes , qui ne doivent point souffrir de partage, parce qu'elles appartiennent à la Couronne qui les fait.

A la découverte des nouveaux Mondes , le Portugal avoit concédé des portions immenses de terre qui s'étoient présentées pour être défrichées. Avec le temps , ces portions étoient devenues des Provinces , & quelques-unes des Royaumes. Carvalho proposa de les réunir à la Couronne comme lui appartenant. Cette proposition révolta ceux qui les possédoient , on la taxa de tyrannie : car toutes les fois qu'un Ministre veut arracher des mains des sujets un bien qui appartient au Roi , il passe pour un tyran. Les plus modérés lui donnèrent le nom d'*injuſte* & de *deſpotique* ; mais il n'étoit ni l'un ni l'autre par les raiſons qu'on a déjà dites , & par celles qu'on va dire.

Lors de la découverte d'un continent, on peut accorder à une compagnie ou à des particuliers, ſoit Seigneurs ou autres, un continent à défricher , parce qu'il eſt queſtion d'un établiſſement nouveau qui a beſoin de bras pour enrichir l'Etat principal par ſa culture ; mais cette donation de la part d'un Souverain ne ſauroit être perpétuelle, parce que le Prince, qui, pour ainſi dire , ne fait que paſſer ſur le Trône , ne peut donner pour toujours ce qui n'eſt à lui qu'un moment.

On ſait que la France , en s'établiſſant en Amérique , concéda des Colonies à des Seigneurs François, ſoit qu'elle les leur vendît ou les leur donnât gratuitement. Mais la Couronne , s'étant apperçue de l'inconvénient que cette autorité des nouveaux Mondes pouvoit faire naître dans l'ancien, les en dépouilla , ſans que cette réunion de ces domaines particuliers à celui de la Couronne fît crier perſonne. Aucun ſujet du Roi de France ne poſſéde en Afrique, en Amérique ou en Aſie aucun domaine émané de la Couronne. Il eſt vrai que l'Angleterre & la Hollande y ont eu & y ont encore des compagnies en toute ſouveraineté ; mais ce ſont des Républiques qui ont le droit de diviſer & ſubdiviſer le pouvoir légiſlatif; ce qui n'eſt point dans la Monarchie où la puiſſance doit être une.

Un grand nombre de Seigneurs portugais poſſédoient en Afrique & en Amérique des continens immenſes, ſous prétexte des ſervices qu'eux ou leurs ancêtres avoient rendus à l'Etat , comme ſi l'Etat devoit être dépouillé , parce qu'on lui a rendu des ſervices. Il y avoit de ſimples Gentils-hommes qui jouiſſoient en toute propriété en Amérique des domaines plus étendus que ne le ſont les Royaumes d'Ecoſſe ou de Sardaigne en Europe. Par exemple , le
Comte

Comte de la Rivière régnoit dans l'Isle Saint-Michel, l'une des Açores.

Le Roi, en vertu d'une déclaration, rentra dans ses droits, & réunit à la Couronne les biens qui lui appartenoient. On taxa de tyrannie le Ministre qui avoit conseillé à Joseph Ier cette réunion, sans faire attention que celle-ci, en enrichissant l'Etat, revenoit au profit de l'Etat. Dans la Monarchie, c'est du fisc que dépend l'aisance publique, parce que les taxes & les impôts sont toujours en proportion de ses revenus. Augmentez-les, ces revenus, & la nation sera riche ; diminuez-les, & elle sera pauvre, à moins que le Prince ne les détourne à son profit ; alors il n'y a plus de Monarchie, plus de Gouvernement, plus de peuple, l'Etat est perdu.

A la place des revenus immenses & des privileges non moins étendus, le Ministre engagea le Roi d'accorder des pensions annuelles aux premiers propriétaires de ses domaines. Il est vrai que par - là leurs revenus diminuoient, mais ceux de l'État augmentoient : & tout bon citoyen doit regarder l'utilité publique comme le bien ſuprême. On donna même des titres à ceux qui avoient perdu des priviléges, ce qui étoit une ſorte de compenſation. On ne manqua pas d'accuſer Carvalho de chercher à s'enrichir par la réunion des biens de la Couronne, qui n'appartenoit qu'à elle.

CHAPITRE VII.

Loi pour rétablir la navigation.

Carvalho forme une Compagnie pour le Commerce des Indes & de la Chine.

Depuis qu'on a acquis des lumières fur ce qui contribue à enrichir les Etats, le nom de *compagnies* eft devenu odieux, parce qu'on a fuppofé qu'elles gênoient le commerce: mais il en eft des compagnies comme d'une infinité d'autres chofes, dont on parle toujours fans jamais s'entendre. Il eft certain que dans un Royaume fertile, abondant, rempli de premières matières, qui tire tout de fon cru, dont le peuple eft actif, vigilant, laborieux, où les particuliers jouiffent d'une grande fortune, où chacun a affez de moyens pour faire par lui - même ce que plufieurs peuples veulent entreprendre, il ne faut point de compagnies. Mais quand cela n'eft pas;

C 2

qu'une nation eſt pauvre ; qu'elle vit dans une ſorte d'indigence ; que ſon continent produit peu ; qu'elle eſt obligée d'avoir recours aux étrangers pour ſa propre ſubſiſtance ; qu'elle n'a ni arts ni induſtrie ; qu'elle manque de numéraire : on peut alors charger un riche citoyen ou des citoyens du commerce , afin d'exciter par l'émulation d'un ſeul celle de tous. La Hollande , l'Angleterre , la France , doivent leur fortune aux Compagnies : elles ſeules jetèrent les fondemens de ces grands établiſſemens , dont on trouve encore les débris dans les trois autres parties du Monde ; c'eſt ſurtout chez les nations naiſſantes qu'elles conviennent , parce qu'elles ſeules peuvent leur donner les moyens qui leur manquent. Quelqu'un a dit à ce ſujet que le Portugal n'avoit été créé que quatre mille ans après la création. Il eſt certain que quoique ce peuple ſoit le premier dans la navigation , il eſt le dernier dans le commerce : il lui faut donc des Compagnies , puiſqu'elles entrent dans le ſyſtême des États naiſſans.

Pour que les Négocians puissent faire le commerce par eux-mêmes, il faut qu'ils aient des sommes considérables à disposer pour des temps considérables, sur-tout lorsqu'il s'agit de trafiquer aux Indes & à la Chine, où il ne faut pas moins de trois ans pour qu'elles rentrent dans les Comptoirs d'où elles sont sorties : or il y a peu de Négocians particuliers en état de supporter de telles avances.

Dans l'état où étoit le Portugal après la mort de Jean V, il n'y avoit guère à Lisbonne que le nommé Félicien Velho Oldembourg en état d'être à la tête d'une Compagnie qui demandoit des fonds si considérables. C'étoit le plus riche particulier de Lisbonne, & peut-être de l'Europe. Outre ses richesses prodigieuses, il jouissoit d'un crédit immense. Lorsqu'un Négociant peut faire seul, ce que trente Négocians ne peuvent faire, il faut le privilégier, en lui accordant ce que les autres ne sont pas en état de demander.

En matière de commerce, on parle toujours de liberté, ſans ſavoir trop ce qu'on
veut dire par elle. Que trente Négocians
aient chacun cent mille livres, & qu'on
leur accorde de négocier aux Indes ; ſi
chaque particulier veut jouir de cette liberté, il ſe ruinera, & le commerce des
Indes ne ſe fera pas. Qu'un particulier ait à
luï ſeul trois millions avec privilége de
Compagnie pour les Indes, il négociera
avec avantage, & le commerce fleurira.
S'il n'a pas en total cette ſomme, il créera
des actions, & chacun prendra part à ce
commerce par une petite ſomme qu'il a,
au lieu d'une plus grande qu'il n'a pas :
ainſi, bien des citoyens, ſans être Commerçans, prendront part au commerce,
qui augmentera par l'endroit même qu'on
avoit cru devoir le diminuer.

Mais j'ai fait d'autres réflexions. Le commerce des Indes diviſé en pluſieurs branches particulières, pourra ſouvent être
ſuſpendu. Il ſuffit d'une guerre maritime,

pour qu'il n'y ait plus de sûreté pour eux. On connoît dans ce temps-là le brigandage des Corfaires, qui profitent toujours des divifions des Princes pour répandre le trouble & la confufion fur l'Océan. Les Compagnies font à l'abris de cette calamité maritime : elles fe font efcorter par des vaiffeaux de guerre qui, comme on fait, font le fléau de ces écumeurs de mer, qui n'ofent déployer devant eux le pavillon ennemi. Voilà ce qui porta ce Miniftre à former cette Compagnie, contre laquelle on fe récria beaucoup : mais qu'eft-ce que le cri de ces hommes incapables de réflexions ? qui ne favent prefque jamais ce qu'ils difent, & encore moins ce qu'ils veulent.

Il eft vrai que depuis la mort de Jofeph Ier on a réformé cette Compagnie, & donné la liberté à tous ceux qui vouloient trafiquer aux Indes ; mais cela ne prouve pas que ce Miniftre fe foit trompé dans l'établiffement de cette Compagnie :

en politique comme en économie, tout dépend du temps. Il n'eft pas impoffible que la Compagnie, qui gênoit d'abord le commerce des particuliers, n'ait contribué elle-même à établir la liberté. Ce font fes nouvelles richeffes qui ont produit cet effet.

CHAPITRE VIII.

Mort de la Reine douairière.

CETTE Reine, sœur de Charles VI, étoit une des belles Princesses de son temps : elle réunissoit en sa personne toutes les graces de la Majesté royale. Sa taille étoit avantageuse, & ses traits des plus réguliers. Si tous les dons de la nature réunis en une seule personne suffisoient à une épouse pour fixer l'amour conjugal, celui-ci eût duré jusqu'au tombeau. Mais le trône & la beauté, les deux plus grands attributs de ce sexe, ne mettent pas toujours à couvert une Reine de l'inconstance du cœur humain. Jean V, sans cesser de l'estimer, cessa quelquefois de l'aimer. Le mal est, que dans un cœur délicat, l'estime ne tient pas toujours la place de l'amour. Mais ce qui la toucha bien sensiblement, ce fut qu'après lui avoir fermé la porte de ſon cœur, il ne lui ouvrit pas celle du cabinet. On peut guérir de l'amour, mais on ne guérit pas de l'ambition, parce que l'âge qui affoiblit celui-là, fortifie celle-ci. Il eſt ſi doux de partager l'Empire avec un époux qui le dirige, qu'une Reine aimeroit mieux gouverner ſans amour, que d'être aimée ſans Gouvernement. Si quelque Reine a penſé différemment, c'eſt qu'elle a plus aimé le Roi que le Royaume.

Elle avoit aſſez de génie pour avoir part à la grande Adminiſtration ; mais elle étoit Autrichienne, & cela ſeul ſuffiſoit pour l'en exclure. Depuis la grande révolution qui a partagé l'Europe en autant de Souverainetés qu'il y a de nations, chaque Maiſon royale s'eſt fait une politique de famille, qui n'eſt point celle d'une autre famille, & en laquelle le mariage lui-même ne déroge point. Cette politique eſt l'intérêt perſonnel de la maiſon dont on eſt iſſu : politique dont on ne s'écarte jamais.

Nous avons vu de nos jours Marie-Thérèfe , en partageant le Gouvernement avec l'Empereur fon fils, s'exprimer ainfi dans l'acte de partage , *fans préjudice de nos droits*. Cette Jurifprudence perfonnelle à chaque Maifon royale naît de ce principe, que dans le Gouvernement monarchique, *la famille de l'Etat a le pas fur la famille de la Cour.*

Cette Reine, depuis fon avénement au Trône du Portugal, n'avoit vu que des fautes dans l'Adminiftration politique, qui avoient caufé de grandes révolutions. Tous les Miniftres, qui s'étoient fuccédés, n'avoient ni le génie ni la capacité qu'il faut pour gouverner un Etat.

Après la mort de Jean V, le Royaume étant dans le défordre & la confufion, Carvalho s'offrit pour le rétablir; elle l'accueillit favorablement , & le préfenta au Roi Jofeph fon fils , qui en fit fon Miniftre.

Il n'eft pas vrai, comme on l'a écrit, qu'elle eut lieu de fe repentir de ce choix. Carvalho eut toujours pour elle cette déférence qu'il devoit avoir. Il la vit ſouvent ; & la conſulta dans pluſieurs occaſions ; car , quoiqu'elle n'eût pas gouverné par elle - même , elle étoit inſtruite ſur toutes les branches du Gouvernement. D'ailleurs la mort la ſurprit peu de temps après que Carvalho eut pris les rênes de l'Empire.

CHAPITRE IX.

Promotion d'Officiers, tant dans le Gouvernement militaire que dans l'Etat civil.

Pour que la Monarchie se soutienne dans sa vigueur, il faut que les Officiers soient remplacés à mesure qu'ils meurent, afin que la mort ne cause aucun vuide dans ce Gouvernement.

Une armée sans Chef, des bureaux sans Ministres, des tribunaux sans Magistrats, affoiblissent la grande Administration. Il faut toujours que les affaires de la société aient un mouvement réglé, qui ne soit ni trop lent ni trop vîte ; or, ce ne peut être que par ces Chefs, que ce mouvement est réglé.

La mort de Jean V, & les révolutions inévitables qu'elle devoit produire, n'avoit pas permis au Conseil de Lisbonne de fixer ses regards sur cette promotion, qui alors eut son plein effet.

Carvalho, avant d'entrer dans le ministère , avoit étudié le caractère de ceux qui , par leur naiſſance ou leurs talens , devoient occuper les premières charges : c'eſt toujours de ce ſoin que dépend le fort de l'Empire. Turenne , Catinat , Colbert , Louvois donnerent à la France une élévation où elle ne fût jamais parvenue ſans ces grands hommes. Cela parut bien lorſque Chamillard & des Officiers ſans génie dirigèrent la guerre & la politique. Si on ouvre l'hiſtoire de tous les Gouvernemens de l'Europe , on trouvera que la fortune publique dépend de ce choix.

Non-ſeulement les grandes places étoient vacantes en Portugal , mais même celles du ſecond rang : ce qui cauſoit une révolution générale dans les différentes parties de l'Adminiſtration. Carvalho leur donna des Chefs , & tout rentra dans l'ordre. Il fit publier une nouvelle Ordonnance pour les troupes , qui tendoit à donner de l'émulation aux militaires qu'une longue paix avoit affoiblie , & établit des loix pour les Miniſtres politiques , civils : ce fut

plutôt une légiſlation qu'une promotion.
C'eſt toujours dans le temps qu'on crée
des Chefs , qu'il faut établir des réglemens.
Dans d'autres temps , ils ſont ſouvent dangereux ; dans celui-ci , ils ſont toujours favorables. C'eſt qu'un Officier , un Miniſtre ,
un Magiſtrat eſt plus diſpoſé à écouter la
voix de l'Ordonnance , quand il entre en
place , que lorſqu'il eſt placé. La Cour ne
reçoit jamais de remontrances , que des
Chefs des Corps qui ſont depuis long-temps
à la tête de leur Adminiſtration , au lieu
que les nouveaux n'en ſont jamais : c'eſt
que l'autorité n'a pas encore eu cet
effet qu'elle produit ordinairement , lorſqu'elle occupe depuis long - temps une
place.

CHAPITRE X.

Réglement pour augmenter la population dans les nouveaux Mondes.

Depuis que les Colonies font réunies à l'Etat principal, & que ces deux Corps, quoique féparés par des mers immenfes, n'en faffent qu'un, elles doivent fixer l'attention du Gouvernement. Les Comptoirs portugais en Afrique étoient dépeuplés d'habitans. Les générations, que le Portugal y avoit fait paffer à la découverte des Indes, étoient éteintes, foit que les Européens, comme les plantes, ne puffent pas réuffir dans un climat qui n'étoit pas le leur, ou que des caufes morales y contribuaffent. Les cantons de l'Ifle de Mozambique, fur-tout, étoient déferts. Cependant il étoit avantageux pour le commerce qu'ils fuffent habités. Pour encourager cette population, le Miniftre fit publier au nom

du

du Roi une Ordonnance, par laquelle on accorderoit des terres & des priviléges très-étendus aux familles qui voudroient aller fonder de nouvelles Colonies. Cet Arrêt n'excita l'émulation de personne. Depuis l'établissement du luxe, & les aises & les commodités de la vie, qui en sont une suite nécessaire, les Portugais, retenus par la mollesse, craignoient la fatigue & les travaux attachés à la transmigration; il ne se présenta personne qui voulût s'expatrier volontairement. Carvalho proposa au Conseil de faire enlever indistinctement tous ceux qui, n'ayant point de fortune en Europe, pouvoient s'en procurer une en Afrique. C'étoit pourvoir à leur subsistance, & les rendre utiles l'Etat. Cette humanité passa pour une barbarie. Cependant la France & l'Angleterre en avoient usé de même pour peupler leurs Colonies, sans que les deux nations se récriassent; parce que le bien de l'Etat est la loi suprême; & qu'on ne peut pas se récrier contre

un mal particulier , qui fait un bien général.

A Londres , lorſqu'il manque des Ma-
riniers dans l'armée navale , on enlève par
force dans les rues les citoyens pour en
faire des Matelots , ſans que cette violence
paſſe pour tyrannie ; & cependant c'eſt la
nation la plus libre de la terre ; & c'eſt parce
qu'elle eſt libre , qu'on permet cette violence, qui n'eſt exercée pour un moment ſur
les particuliers , que pour rendre toute la
nation indépendante. Mais le Miniſtre ,
voyant que le peuple ſe refuſoit à cette
loi , eut la modération de l'abroger. C'étoit
un bruit commun , que ce Miniſtre étoit
devenu abſolu , & qu'il ne changeoit jamais d'opinion ſur quelques branches de
l'Adminiſtration, lorſqu'il l'avoit manifeſté ;
mais il fit voir , dans cette occaſion , qu'il
ſavoit ne pas vouloir ce qu'on ne vouloit
pas. L'Iſle de Mozambique dépeuplée for-
mera-t-elle un vuide dans le commerce ?
C'eſt ce que la poſtérité ſaura , & auquel

peut-être l'Adminiſtration d'alors ne remédiera pas, car les Colonies, ainſi que tous les autres établiſſemens qui tiennent à la population, ont leur âge; paſſé celui-ci, on n'eſt plus en état de les former. C'eſt à quoi ceux qui dirigent l'Empire ne font pas aſſez d'attention. De-là vient que les Etats, qui ſe font établis les premiers dans les nouveaux mondes, faute de bras pour les défricher, ſe font appauvris par l'endroit même qui devoit les enrichir.

CHAPITRE XI.

L'établissement de la Compagnie de Commerce du Maragnon.

ON vient de voir que, lorsqu'un Etat est fertile, abondant, que les Négocians y sont riches, il ne faut point de compagnie, parce que chacun peut faire ce qu'une Compagnie feroit : mais lorsque cela n'est pas, il faut y suppléer par le privilége qu'on accorde à un particulier, ou à des particuliers, afin qu'ils fassent eux seuls ce que beaucoup d'autres ne peuvent faire. Le commerce de Maragnon & du Grand-Para étoit dans le même cas que celui des Indes & de la Chine. Aucun Négociant n'étoit en état de l'entreprendre, faute de fonds ou de moyens, &, comme ces deux obstacles étoient insurmontables, il falloit nécessairement que ce commerce pérît. Une compagnie seule pouvoit lui donner toute l'extension dont il est susceptible ; c'est ce qui porta le Miniſtre à l'établir. Ceux qui lui ont reproché de l'avoir formée , n'ont jamais publié les raiſons qui devoient le porter à ne pas la créer. Ils ont dit qu'elle portoit préjudice au commerce : & tout a été dit. Si des paroles vagues & dénuées de fondement ſuffiſoient pour paſſer ſentence contre un homme d'Etat , il n'en eſt aucun qu'on ne jugeât ainſi en dernier reſſort. Mais quelque mécontentement qu'on témoignât alors pour cet établiſſement , qui , à ce qu'on aſſuroit , détruiſoit le commerce de l'Amérique , la Compagnie de Maragnon & du Grand-Para ſubſiſta , & ſubſiſte encore. Règle générale , lorſqu'on voit un ſyſtême de commerce paſſer d'un règne à l'autre , c'eſt une preuve qu'il eſt bon ; car s'il eût été mauvais , le ſecond Conſeil d'Etat n'auroit pas manqué de détruire ce que le premier avoit établi.

Après la mort de Joſeph Ier , ceux qui avoient un intérêt perſonnel que cette Compagnie fût éteinte , repréſentèrent vivement au nouveau Gouvernement qu'elle

étoit préjudiciable à l'Etat. La Reine
fit examiner la chofe ; & on trouva, après
un calcul exact , que fes avantages l'em-
portoient fur fes défavantages : & en conféquence il fut ordonné que la Compagnie
exifteroit fur le même pied qu'elle avoit
été formée : preuve que le Miniftre avoit
faifi l'objet principal de cette navigation,
& que tous ces raifonnemens , qu'on avoit
fait fur ces inconvéniens , n'étoient que
des difcours vagues , tels qu'on les fait
ordinairement fur des objets de commerce ,
qu'on n'entend pas.

CHAPITRE XII.

Contradictions à expliquer dans le caractère de Carvalho.

L'AUTEUR des Mémoires accuse ce Miniſtre d'avoir été ſi différent de lui-même, dans le cours de ſon miniſtère, qu'on pourroit croire qu'il avoit deux ames. Ç'a été de tout temps le caractère qu'on a donné aux grands hommes d'Etat, qui, ſouvent obligés de concilier les extrêmes, ſe montrent par des endroits qui ne leur reſſemblent pas, mais qui ne les caractériſent pas moins pour ce qu'ils ſont.

Il recherche d'abord avec empreſſement l'amitié de l'Eſpagne, dit l'Anonyme, *& peu d'années après il s'en déclare l'ennemi. Il commence par ſe montrer contraire aux avides prétentions des Anglois, & conclut enſuite des traités avantageux à leur*

D 4

commerce, & au bout de quelque temps les rompt. Il encourage d'abord les Arts, en-suite les laisse languir, & puis il les ré-tablit par de sages réglemens.

Cet homme fait, sans le savoir, l'his-toire de toutes les administrations. On peut dire que, si les contradictions passoient pour des vices dans ceux qui dirigent l'Empire, il n'est point de cabinet ministériel qui ne fût vicieux. Les contradictions sont une suite nécessaire de la situation où l'on se trouve. On pourroit dire du système de l'Etat ce que l'Auteur de l'Esprit des loix dit du monde physique, *que chaque diversité est uniformité, que chaque changement est constance.*

Tout est relatif dans la politique. Comme les intérêts des Princes changent, il faut que les vues & les desseins de ceux qui dirigent l'Etat changent aussi. Depuis deux siècles, il n'y a point de Gouvernemens en Europe qui n'aient recherché l'amitié d'une certaine Puissance, & qui ensuite ne s'en foient déclarés les ennemis. C'eft que cette amitié leur étoit auffi utile dans un temps, que nuifible dans un autre. C'eft l'affaire des circonftances. Il n'y a aucun politique qui ne fache que dans les traités de commerce on cède fouvent beaucoup pour obtenir davantage. C'eft une pierre d'attente, qu'on met en avant pour élever plus haut l'édifice de l'induftrie. Il en eft de même des Arts, qu'il faut quelquefois négliger pour parvenir aux moyens de les perfectionner.

Il y a une maladie répandue en Europe, dont les gens oififs ne guériront jamais, je veux dire de faire le procès aux Miniftres, fans connoître leur caufe : ou, ce qui eft le même, les raifons qui les font agir dans un temps différemment de ce qu'ils ont agi dans un autre. Il faudroit pour cela avoir la clef du cabinet, ou être fur le même théâtre pour partager avec eux la fcène du monde politique. Mais malheureufement pour ces critiques, ils

ne font ni acteurs ni fpectateurs : car quoique
ce qu'ils blâment fe paffe fous leurs yeux ,
ils ne connoiffent ni la caufe ni les effets
des révolutions qu'ils cenfurent ; ce qui ne
fait que des paroles oifeufes , ou des livres
inutiles.

CHAPITRE XIII.

Du Traité de l'échange de la Colonie du Saint-Sacrement.

C'EST un malheur pour un homme d'Etat qui parvient à l'Administration, d'avoir été précédé par des Ministres que la fortune ou la faveur a placés à la tête des affaires, sans en avoir les talens. Les fautes qu'ils font sont d'autant plus dangereuses, qu'avec le temps elles deviennent souvent irréparables.

On a vu que le Moine, à qui Jean V avoit confié le Gouvernement, n'en connoissoit point les ressorts, & qu'il ignoroit parfaitement l'avantage qu'on peut tirer des traités qui, dans tous les Etats monarchiques, font les nerfs de la puissance politique.

Le cabinet de Madrid avoit profité de la foiblesse du Roi mourant, & de l'incapacité de fon Miniftre, pour faire l'échange des peuplades du Paraguay avec la Colonie du Saint-Sacrement qui étoit entièrement en faveur de l'Efpagne, traité qui, une fois établi, devoit avoir lieu en fon entier.

Les faifeurs de livres reprochent à ce Miniftre de n'avoir pu remettre les chofes fur l'ancien pied, & d'avoir confommé des fommes confidérables & de longues négociations fans y réuffir. Mais qui ne fait qu'il eft plus facile de faire un traité; qu'il n'eft aifé de le détruire, fur-tout lorfque les deux cabinets fe font accordés fur les points principaux, & que les intérêts relatifs y ont trouvé ou ont crû y trouver leur avantage.

On fait qu'un particulier (1) donna naiffance à cette révolution qui a caufé des maux infinis dans le nouveau Monde. Une idée chimérique l'enfanta, & l'Efpagne & le Portugal l'adoptèrent. Ce n'eft pas la pre-

____

(1) Gomès Peraira, Portugais.

mière fois que les Cours ont été la dupe des faiseurs de projets , ces hommes intrigans qui , n'ayant point de fortune , cherchent à s'en donner une aux dépens des Etats , fans s'embarraffer du mal qui en réfulte.

Cet homme imagina que dans le Pataguay il y avoit un grand nombre de mines d'or ; & parce qu'il le crut , il porta la Cour de Lisbonne à le croire comme lui. Avant de rien propofer à celle d'Efpagne , on auroit dû envoyer des émiffaires fur les lieux , pour examiner l'état des chofes ; c'eft ce qu'on ne fit point. L'avarice prévint toutes les précautions qu'on auroit dû prendre fur une affaire de cette importance. Un nouveau fleuve d'or qu'on fuppofoit devoir couler de cette nouvelle fource , échauffa les efprits & enflamma les imaginations : on ne vit que les mines. Le Miniftère Portugais fe précipita lui même au-devant de cette idée chimérique , en la propofant lui-même au cabinet de Madrid , qui la trouva trop avantageufe pour ne pas l'accepter avec empreffement. S'il y a des coups d'Etat qui ne réuffiffent qu'après de longues négociations , il en eft d'autres qui fe préfentent d'eux-mêmes , & qui ne coûtent d'autre peine que celle de figner au bas d'un papier. Il eft trifte pour les affaires de ce monde, que le hafard , le caprice , ou de fauffes combinaifons décident du bonheur ou du malheur des peuples.

L'Efpagne cédoit un terrein ftérile qui lui étoit à charge , & en acquéroit un très-fertile.

Le traité ayant été conclu, on chargea de l'exécution deux Commiffaires , l'un pour le Portugal, l'autre pour l'Efpagne. On étoit d'abord convenu que les habitans du Paraguay ne quitteroient point leur pays , mais pafferoient feulement fous la domination du Portugal. Les Sauvages, qui n'avoient d'autres maîtres que les Jéfuites , furent fort étonnés qu'on vouloit leur en donner un qu'ils ne connoiffoient pas ; car l'Efpagne, qui jufques-là avoit

paſſé pour avoir la domination du Paraguay, n'en avoit que le nom. Ces Pères
ont prétendu ſe juſtifier dans le monde par
la douceur & la juſtice qu'ils avoient employées pour acquérir l'Empire ; mais tout
Gouvernement uſurpé eſt injuſte. Les
meilleures loix des tyrans ſont tyranni-
ques ; & on peut appeller de ce nom
celles qui ne ſont pas fondées ſur le droit
de ſouveraineté. Il n'eſt pas queſtion de
ſavoir ſi les ſujets ſont mal, mais s'il eſt
permis à quelqu'homme ou à quelque corps
que ce ſoit, de leur donner le moyen
d'être mieux. Voilà le nœud gordien de
l'uſurpation. On ſait aſſez que tous les
nouveaux Deſpotes cherchent à adoucir
les Gouvernemens qu'ils uſurpent ; c'eſt
chez eux une loi fondamentale, parce
que c'eſt la ſeule qui puiſſe leur frayer le
chemin à la domination.

Le Portugal voyant qu'il ne gouverneroit
jamais les peuples du Paraguay, tandis qu'ils
habiteroient un pays ſur lequel les Miſſionnaires avoient pris un empire abſolu, ré-

folut d'en tranfplanter les habitans. Cette tranfmigration des hommes, qui a donné occafion à tant de bons & de mauvais écrits, n'eft point nouvelle dans l'Hiftoire du monde : elle a fouvent fuivi les loix de cette économie des hommes qui eft néceffaire aux vues de l'Etat principal. Plus de trente mille Efpagnols ont quitté l'ancien Monde pour habiter le nouveau. Autant de François ont paffé aux Indes & à l'Amérique. Quelqu'Auteur politique a-t-il pérorifé fur cette émigration ? M. l'Abbé Raynal, qui veut juftifier les cris de ces peuplades, les fait parler ainfi :

« De quel droit, fait-il dire aux Sauvages, » les Efpagnols & les Portugais préten- » dent-ils nous chaffer de ces terres cul- » tivées par nos mains, & arrofées de nos » fueurs ; de ces terres que nous ne tenons » pas d'eux, mais de nos ancêtres qui les ont » toujours poffédées? Si nous avons embraf- » fé le Chriftianifme, fi nous avons confenti » à devenir tributaires du Roi d'Efpagne, » ce n'a été que fous la condition qu'il nous » laifferoit

» laifferoit vivre paifiblement dans notre
» patrie, & qu'il nous défendroit contre
» nos ennemis, &c. &c. ».

On peut regarder ce raifonnement plutôt comme un texte moral, que comme
un fyftême politique; fyftême qui l'emporte
fouvent fur la loi civile. Cela dépend des
circonftances où l'on fe trouve, & des
moyens qu'on eft obligé d'employer pour
parvenir à fes fins.

Si les Sauvages du Paraguay montroient
de la répugnance pour vivre fous une
autre domination & fous un autre ciel,
c'eft que leurs Directeurs la leur infpiroient.

On éprouva dans la Colonie du Saint
Sacrement la même défobéiffance. Les habitans ne voulurent pas reconnoître le
Roi d'Efpagne pour leur Souverain; il
fallut avoir recours aux armes. Quatre
mille hommes entrèrent dans l'Uragay par
différens côtés. On s'étoit flatté qu'avec
des troupes aguerries, on parviendroit à
vaincre les Indiens: mais la perfuafion l'em

porta ſur la force ; l'eſprit jéſuitique les animoit : & on ſait ce que peut l'enthouſiaſme ſur des hommes ſimples. Ils ne pouvoient obéir aux Rois ſans déſobéir à leurs Pères : car c'eſt ainſi qu'ils appelloient ces Miſſionnaires , qui les conſeilloient & les animoient ſecrétement. D'ailleurs , les Eſpagnols & les Portugais manquèrent de vivres. A cette diſette , ſe joignit une maladie épidémique , qui fit mourir beaucoup d'hommes. Ce premier échec ne découragea pas le Miniſtre Portugais.

CHAPITRE XIV.

Carvalho engage le Roi à envoyer son frère François - Xavier dans le Maragnon, en qualité de Gouverneur ou de Capitaine Général.

CE qui gâte la plupart des affaires d'un Etat, est le peu d'union qu'il y a entre ceux qui le dirigent. Cela vient de ce que chacun a sa manière de voir, qui est aussi différente que celle de l'air du visage. Horace, en voulant décrire cette différence, a dit: *autant d'hommes, autant de sentimens différens.* On pourroit dire dans le même sens: *autant de Ministres, autant d'Administrations différentes.* C'est de cette désunion des gens en place, que naissent ces révolutions qui changent le sort des nations. On s'est souvent plaint, que dans les Monarchies il n'y a point d'école ministérielle; mais à quoi serviroit cette école dans un

Gouvernement où le Conseil suprême est composé d'hommes dont les idées sont presque toujours diamétralement opposées les unes aux autres ?

Pour éviter cet inconvénient, Carvalho confie les affaires du nouveau Monde à un autre lui-même ; il engage le Roi à nommer son frère Capitaine-Général, ou Gouverneur du Maragnon.

Comme il faut qu'il agisse militairement, il lui fait donner un corps de troupes, avec un plein pouvoir de régler les limites des deux Couronnes en Amérique, selon le plan du traité précédemment conclu avec l'Espagne. Et, afin d'exciter en lui cette émulation, qui est la source des grandes actions, ce Prince lui fait présent d'une tente magnifique, qui étoit pour lui d'autant plus précieuse, qu'il la recevoit de la main même de son maître.

Carvalho, dans plusieurs conférences particulières qu'il eut avec son frère, l'instruisit du plan & du dessein de son voyage. Quoique l'expédition du Gouverneur fût militaire , il étoit bien moins queſtion de batailles, que de médiation pour prévenir la révolte des Indiens. Ses inſtructions particulières portoient ſur une connoiſſance exacte de l'état des choſes , avant d'en venir aux mains.

Il partit de Lisbonne , le 2 Juillet 1753 , avec une eſcadre & pluſieurs bâtimens de tranſport chargés de munitions & de ſoldats.

Son premier ſoin , en arrivant dans le nouveau Monde , fut de chercher la cauſe de cette antipathie que les Sauvages avoient de changer de maître. Il arrive rarement que des hommes errans , qui n'ont point de demeure déterminée , qui vivent de la chaſſe ou de la pêche , prennent du goût ou du dégoût pour un Souverain qui eſt à deux mille lieues de leur pays , & dont à peine ils connoiſſent le nom, plutôt que pour un autre qu'ils ne connoiſſent pas mieux. D'ailleurs , l'idée qu'ils ſe font de la liberté, les empêche de ſe fixer en aucun pays ; car ils ſe croiroient eſclaves de la terre , ſi on les obligeoit à en habiter une partie.

La Cour de Lisbonne avoit toujours ſoupçonné avec fondement, que cette révolution tiroit ſa ſource des miſſionnaires, qui s'étoient plus appliqués à compoſer une République de ſujets , qu'à former une ſociété de Chrétiens ; mais , quoiqu'il eût paru beaucoup de livres à ce ſujet , qui démontroient la domination jéſuitique dans cette partie du monde, on n'en avoit qu'une certitude morale. Le frère de Carvalho découvrit que tout ce qu'on avoit publié à ce ſujet , étoit fondé ſur des principes ; que les Miſſionnaires du Paraguay s'étoient faits Souverains ; qu'au milieu de ces Sauvages , devenus leurs ſujets , ils avoient un cabinet , une politique , un ſyſtême de Gouvernement ; qu'ils avoient créé des loix , formé une conſtitution , & que , ſous le prétexte ſpécieux de la domination du Ciel , ils avoient uſurpé celle de la terre. En effet , les Jéſuites dominoient au Paraguay , malgré la Puiſſance de l'Eſpagne

& celle du Portugal, qui avoient envoyé des troupes dans le nouveau Monde pour reprendre l'Empire que ces Prêtres avoient ufurpé. C'étoit la première fois, depuis l'établiffement de la Religion chrétienne, qu'on vit deux Rois lever chacun une armée pour combattre une Miffion. La poftérité aura de la peine à croire, que l'Evangile ait fervi lui-même de prétexte à une guerre qui devoit faire verfer le fang humain. Peut-être n'y a-t-il point d'exemple plus propre à faire connoître l'homme toujours occupé de lui-même, toujours rempli de deffeins ambitieux, que celui du Paraguay. Ce n'étoit point des Céfars, ce n'étoit point des Cromwels qui ufurpoient la Couronne ; c'étoit des Evangéliftes qui fe faifoient Rois.

Toutes les dépêches des nouveaux Mondes confirmoient la domination jéfuitique. Le Gouverneur du Maragnon & du Paraguay s'exprimoit ainfi au premier Miniftre : « Je ne puis point venir à bout de » réprimer ces Peres : leur politique fine

» & adroite l'emporte sur mes soins & la
» force des troupes. Ils ont donné aux
» Sauvages des mœurs & des coutumes
» qui les attachent à eux inviolablement.
» Telle est la forme des maximes qu'ils leur
» ont gravées dans le cœur, que ces peuples
» aimeroient mieux mourir, que de chan-
» ger de domination. Ils ne leur disent pas
» ouvertement que les Rois d'Espagne &
» du Portugal sont des tyrans ; mais ils leur
» insinuent adroitement, que ce sont de
» mauvais Maîtres, dont ils ne seroient pas
» plutôt les sujets, qu'ils deviendroient
» leurs esclaves. Avec de telles préven-
» tions, on ne doit pas se flatter de les
» soumettre, à moins que de ne soumettre
» leurs vainqueurs. Le premier coup doit
» se frapper en Europe. Il faut détruire la
» confiance que le Roi de Portugal a en eux,
» pour établir celle que les Sauvages doi-
» vent avoir en nous, &c. ».

L'Ordre de Loyala avoit pour maxime,
l'union de la Société générale avec tous
ses membres particuliers. En effet, c'est

de cette correspondance que dépend la force d'un corps, soit politique, soit moral.

La réfidence de ces Pères à la Cour de Lisbonne, la chaire dont ils étoient en poffeffion, la morale qu'ils prêchoient, la confeffion, la direction, les retraites, les rendoient les maîtres de la confcience des Princes & de celle des fujets ; ce qui leur donnoit un afcendant général.

Jofeph Ier convaincu par fon Miniftre de la conduite des Jéfuites dans l'Amérique, & de leur intrigue en Europe, renvoya de fa Cour les Confeffeurs & les autres Pères qui y étoient attachés par d'autres emplois ; mais comme il falloit convaincre le Public de leur malverfation, & que cette première difgrace, aux yeux du Portugal & de la Cour de Rome, devoit avoir une caufe, Carvalho fit publier un Ecrit, qui avoit pour titre : *Précis de la conduite & des dernières actions des Jéfuites au Paraguay, & de leurs intrigues à la Cour de Lisbonne.*

Cependant nous laifferons, pour quelques momens, ces détails jéfuitiques, afin
de paffer à deux grands événemens qui
changèrent le fort du Portugal. L'un tire
fa fource de la colère de Dieu, & l'autre
de la méchanceté des hommes.

LIVRE VI.

CHAPITRE PREMIER.

Tremblement de Terre de Lisbonne.

LE Portugal commençoit à paroître sous un nouveau génie, lorsqu'un phénomène affreux changea de nouveau la fortune de cette Monarchie.

La terre s'ouvre. Lisbonne est engloutie avec ses habitans. Un bruit souterrein annonce une révolution dans la nature. Les Palais s'ébranlent; dans un moment ils sont renversés les uns sur les autres. L'écroulement de tant d'édifices cause un second phénomène; le soleil s'obscurcit; un nuage de poussière forme une nuit obscure, qui ne laisse d'autre lumière sur la terre, que celle qu'il faut pour éclairer le plus triste de tous les jours. Les trésors de la

Couronne ſont enfouis : les richeſſes du Prince périſſent avec celles des ſujets. L'or & l'argent rentrent dans les entrailles de la terre d'où l'avarice les a tirés. L'induſtrie eſt anéantie ; les arts ne ſont plus rien ; une ſecouſſe de terre détruit en deux minutes les travaux de dix ſiécles. Les Temples ſont renverſés, les voûtes ſe ſéparent, & dans leur chûte écraſent des milliers de Fidèles qui aſſiſtoient au Service divin. Les ſépulcres ſont enfoncés ; une foule de vivans ſont enſevelis avec les morts ; des cris perçans ſe font entendre dans les airs ; une terreur panique s'empare des eſprits ; ceux qui ont échappé à une première ruine, craignent de ſuccomber ſous une autre. Il n'y a plus de parenté, plus de ſang, plus d'amitié. La crainte de la mort éteint toute autre crainte. On ſe rencontre ſans ſe connoître, on ſe heurte ſans ſe voir, on s'approche ſans ſe parler, & on ne ſort de ce premier étonnement que pour ſe demander les uns aux autres s'il n'y a plus de ciel, s'il n'y a plus de terre, fi tout eft confondu dans la nature ? Le rang & la nobleffe ne changent rien au deftin des humains ; le grand eft confondu avec le petit, le riche avec le pauvre : la mort frappe indifféremment les mortels ; l'époufe périt dans les bras de l'époux ; le fils eft écrafé à côté du père ; l'enfant fuccombe dans le fein de fa mère. Lisbonne n'eft qu'un tas de ruines : les rues font jonchées de cadavres. Ici on voit les membres féparés de leur corps ; là, des corps qui n'ont point de membres : dans cet endroit eft une femme qui pouffe le dernier foupir, dans cet autre eft un homme qui rend l'ame.

Il femble que tous les élémens confpirent à la fois la ruine de cette ville infortunée ; le feu achève de confumer ce qui a échappé au tremblement de terre. La mer, fortant de fon lit, s'élance pour engloutir ce qui refte d'habitans. La nuit, qui furvient à la fin de ce déplorable jour, ne fert qu'à le rendre plus terrible. On fe retire précipitament fur une montagne : le trouble & la confusion régnent de toutes parts. C'est sur ce dernier théâtre d'horreur & de pitié que se passe la scène la plus touchante. Revenue du premier étonnement, la nature reprend ses droits, l'épouse cherche son époux, la mère appelle son enfant, le fils demande son père. A la première scène muette, succèdent les pleurs & les gémissemens. La société qui reste s'afflige pour celle qui n'est plus ; &, comme si l'infortune n'eût pas été complette, & qu'il eût resté encore quelques peines à éprouver, les chagrins domestiques viennent accabler les infortunés qui ont échappé à tant de maux.

Ceux qui commandoient le jour auparavant, ne trouvent personne qui leur obéisse. L'âge de Saturne est revenu à Lisbonne ; il n'y a plus ni maîtres ni valets. De toutes les conditions, la plus affreuse est celle de l'égalité, lorsqu'elle naît d'une révolution subite. C'est alors qu'on souffre tous les inconvéniens attachés à la vie du sauvage, sans éprouver aucun de ses avantages.

Dans cette nouvelle situation, on compare son état présent à celui qu'on vient de perdre. Les réflexions viennent noyer dans les pleurs la jouissance d'une vie qu'on n'a pensé d'abord qu'à sauver. On se reproche d'avoir fui la mort, qui eût terminé une si triste vie. Le désespoir s'empare des esprits : on ne craint plus rien ; on cherche de nouveaux périls. Dans cet état déplorable, il ne reste d'autre consolation que l'espoir d'une nouvelle secousse qui achève d'anéantir ce qui a échappé aux premières. C'est ainsi que dans les maux extrêmes on ne trouve d'autre consolation que dans cet instant fatal, qui doit y mettre fin par une dernière catastrophe.

Cette société errante, abandonnée à elle-même, se trouve sans loix, sans forme de Gouvernement. Il n'y a plus de Roi, plus de Trône, plus d'Administration. On se conduit au hasard ; la République est abandonnée à elle-même ; Carvalho est le seul qui veille sur elle. L'imagination est effrayée, en voyant les remèdes qu'il ap-

porte à tant de maux. Il n'eſt pas queſtion de rétablir quelques parties de l'Adminiſtration , mais d'en former une nouvelle. Miniſtres, hommes d'Etat, qui, dans
le ſein de la paix & de la tranquillité générale , êtes accablés ſous le poids des
affaires publiques ; vous qui , pour arrêter
quelques déſordres de la ſociété, paſſez
les jours & paſſez les nuits à imaginer des
remèdes , voyez un mortel ſe roidir ſeul
contre tous les élémens , créer une nouvelle Monarchie ſur les débris de l'ancienne,
donner une ſeconde inſtitution à un peuple errant , pourvoir à ſa ſubſiſtance , habiller des hommes preſque nuds , prévenir la corruption dans une Société qui,
n'ayant plus de loix , ſe croit en droit de
n'avoir plus de mœurs , rétablir l'ordre dans
un temps de déſordre. Il n'eſt pas donné
à l'eſprit humain de porter plus loin le
génie légiſlatif.

Carvalho donne ordre aux Provinces ,
qui n'ont pas ſouffert , d'aſſiſter celles qui
ſouffrent. Il envoie des couriers dans toutes

les

les Cours de l'Europe pour leur expofer cette défolation. Il faut rendre juftice à l'humanité de notre fiècle , à nos mœurs , à notre religion plus reprimante & moins barbare que celle des payens. Cette Monarchie reçut des fecours de différentes nations. Les cabinets mêmes qui avoient le plus d'intérêt à voir affoiblir le Portugal , furent les premiers à le fecourir. Pour le coup , les maximes politiques cédèrent aux loix de l'Evangile. Les Portugais , qui étoient fans nourriture furent nourris , ceux qui étoient fans habits , furent habillés. Ces peuples errans & infortunés , qui avoient d'abord été privés de tout , commencèrent à ne manquer de rien.

Prefque tout le Clergé a péri. Le premier Siége épifcopal eft renverfé; les Eglifes n'ont plus de Miniftres ; la plupart font reftés enfevelis fous les ruines des autels. Ceux qui ont échappé au trépas errans , & fugitifs, font confondus avec ces même Fidèles , dont un jour auparavant ils étoient les Pafteurs. L'Office divin eft interrompu , les Sacremens ne font point adminiftrés : il n'y a point de prières publiques ; la Religion , ce grand frein qui contient les hommes, eft fans vigueur. La volupté fait naître des defirs d'autant plus ardens, que les occafions font prochaines. Des filles & des femmes à moitié nues fe trouvent à côté des hommes à peine couverts. La nature , qui eft vis-à-vis d'elle-même , fe livre à une licence effrenée : la pudeur eft ôtée à la vertu , & la modeftie à la chafteté. Cependant la cupidité gagne : elle fe fait jour à travers les horreurs de la mort : ainfi les peuples de Sodôme & Gomorhe confervent des defirs impudiques au milieu des flammes qui les confument.

Pendant cette calamité générale , les portes des maifons religieufes font ouvertes, l'incendie a forcé les cloîtres , le célibat a rompu fes chaînes. Des Vierges , confacrées à Dieu , féparées du monde , fe trouvent tout d'un coup au milieu des hommes. Elles prennent bientôt du goût pour une vie indépendante qui les fouf-

trait à l'obéiffance & à la rigidité de leurs
régles. Elles oublient ce à quoi leurs vues
les engagent ; ce qu'elles doivent à Dieu
& à elles-mêmes, &c. &c. Voilà quelques
traits d'un tableau dont les figures fe con-
ferveront long-temps dans l'hiftoire de l'Europe.

Lorfque l'on confidère les maux qu'éprou-
ve le Portugal, & les remèdes que Carvalho
emploie pour prévenir la ruine totale de
ce peuple, on trouve que ce n'eft point
un Miniftre qui rétablit l'ancien État civil,
mais un Légiflateur qui fonde un nouvel Empire. On fait les travaux de ceux qui ont jetté
les premiers fondemens des Sociétés politiques. L'hiftoire les met avec raifon au rang
des plus grands génies. Cependant on peut
dire, fans faire tort à leur gloire, que la
nature en a fait les plus grands frais. Pen,
qui, dans nos temps modernes, paffe pour
un Licurgue, en fondant une Colonie à
laquelle il a donné des loix, eft peut-être
inférieur ici à Carvalho. On peut regarder
les fauvages épars dans des bois, comme

des enfans qu'il eſt aiſé de raſſembler : mais lorſqu'il faut réunir des hommes faits, **qui** ont déjà goûté les aiſes & les commodités attachées à la Société ; qu'il faut vaincre des préjugés déjà formés , & rétablir **la** ſubordination parmi ceux qui ont goûté les plaiſirs de l'indépendance , ne fût - ce que pour quelques jours ; lorſqu'il faut **ra-** nimer l'induſtrie dans des ames abattues par un phénomène effrayant , lorſqu'il faut **re-** nouveller des Arts que des Artiſtes ont abandonné comme par un décret exprès du Ciel ; en un mot , lorſqu'il faut retirer une Monarchie d'un abîme où un événe- ment extraordinaire l'a plongé , pour y rétablir l'ordre dans toutes les branches de l'Adminiſtration politique , civile & éco- nomique , cela ne peut ſe faire que **par** des ſoins , des peines , & un génie ſupé- rieur , qui ſe prête à tout , qui ſupplée à tout , & réunit tout. Le travail eſt d'au- tant plus grand , que chacun refuſe à s'y prêter.

A peine le Miniſtre a-t-il prévenu tant

de maux, qu'il s'en préfente un autre plus terrible. Des milliers de Citoyens, qui ont perdu leur fortune, fe trouvent fans ref-fource, ce qui peuple la Monarchie de voleurs, à qui la néceffité met les armes à la main. Carvalho affifte ceux qui n'ont pas de quoi vivre, & fait vivre ceux qui n'ont pas de quoi fubfifter. Il occupe les Artiftes qui n'ont rien, & punit ceux qui ne veulent rien faire. Il établit une juftice rigide qui corrige le mal dans fa fource, ce qui rétablit l'ordre & la paix au milieu du trouble & de la confufion. C'eft ainfi qu'un Général habile prévient les maux qui naiffent dans une grande déroute.

CHAPITRE II.

Carvalho est nommé premier Ministre.

UN grand génie, fait pour diriger l'Empire, ne doit point gouverner en second, sa place est au premier rang. L'homme d'Etat ne fait jamais bien que ce qu'il fait seul; lorsqu'il doit déférer à l'avis d'un autre, son esprit se rétrécit. Si on avoit donné un collègue à Richelieu, la France n'eût point eu de Richelieu. C'est parce qu'il put donner l'essor à son génie, qu'il en montra un sublime.

C'est une remarque de l'histoire, que deux Généraux, à commandement égal à la guerre, n'ont jamais remporté de victoire complette. On peut dire le même de deux Ministres qui n'ont jamais fait de grandes choses, lorsque l'autorité a été partagée. Un Capitaine, qui, dans une action, sent que l'affaire roule sur lui, en est bien plus

actif. Un homme d'Etat, qui est respon-
sable à toute la nation de son ministère,
en est bien plus vigilant. C'est cette émulation personnelle qui a donné aux Gouvernemens de l'Europe tant d'habiles Généraux & de grands Ministres. Mais, dira-t-
on, un homme d'Etat, à qui on donne
une autorité sans borne, devient despote.
Armand gouverna en Roi la France &
Louis XIII. Le Cardinal de Fleury eut
le même ascendant sur Louis XV.

Il est vrai que cette autorité illimitée,
que l'on donne à un premier Ministre, est
le grand inconvénient du Gouvernement
monarchique : mais toutes choses égales
d'ailleurs, il vaut encore mieux un despote,
que plusieurs : car, quoique l'homme soit
avide de richesses, de rangs, de distinctions,
il est plus aisé de satisfaire l'ambition d'un
seul, que celle de deux. Quel mal ne font
pas plusieurs hommes en place, qui se
partagent l'autorité suprême : chacun cherche à en usurper le plus qu'il peut ; & c'est
dans cette division, qu'est ordinairement

F 4

la tyrannie ministérielle. Il y a une mesure de pouvoir dans la Monarchie, qu'un premier Agent ne sauroit passer sans détruire l'ordre des choses, & c'est cet ordre que le Ministre ne veut point changer, parce que c'est de lui qu'il tire son pouvoir.

Lorsque cette autorité absolue tombe entre les mains d'un citoyen, elle est plus utile à l'Etat, qu'elle ne lui est nuisible. La France devint très-puissante sous le Gouvernement de Richelieu, & ne fut jamais plus riche que sous l'Administration de Fleury. Depuis ces deux hommes d'Etat, le partage que la France a fait de l'autorité absolue en plusieurs Ministres l'a exposée à de grandes vicissitudes; ce qui prouve, comme on vient de le dire, que le despotisme d'un seul est moins dangereux que celui de plusieurs. Carvalho, devenu premier Ministre, prit les rênes de l'Empire, qu'il n'avoit gouverné qu'en partie : car, quoique le Roi eût eu une entière confiance en lui, il n'avoit pas déplacé les hommes d'Etat, qu'à son avénement au Trône, il avoit trouvés en place. Pierre de Motta, qui avoit dirigé la première Adminiftration, avoit laiffé en mourant le Royaume dans le même état de trouble & de confufion, où il l'avoit trouvé fous le régne précédent. Ce Miniftre, qui ne manquoit pas de lumières, n'avoit pas le génie de cette Adminiftration, qui, dans un état corrompu, n'eft autre chofe que celui de réforme. Il s'appliquoit beaucoup, mais fon travail ne contribuoit en rien au bien de l'Etat. Il avoit la manie de la plupart des Miniftres qui imaginent, parce qu'ils expédient beaucoup, qu'ils travaillent beaucoup.

Mais fi un premier Miniftre doit avoir une autorité abfolue, indépendante, il faut qu'il ait auprès de lui des Agens éclairés, en état d'agir en fous ordre. Carvalho engagea le Roi à nommer à la place qu'il venoit de quitter, Dom Louis d'Acugna, dont la capacité & les talens lui étoient connus. Ces deux Miniftres dirigèrent l'Empire avec cet efprit d'union, qui eft l'ame

de l'Adminiſtration. Par une fatalité attachée aux Cours modernes , un Miniſtre
ſubalterne n'eſt pas plutôt en place , qu'il
ſe déclare contre celui qui lui eſt ſupérieur ;
il le croiſe dans ſes vues & dans ſes deſſeins ; la zizanie s'en mêle , & le Gouvernement en ſouffre. Il faudroit que les
hommes d'Etat ſe miſſent au-deſſus de ces
petiteſſes ; mais malheureuſement ce ſont
ces petiteſſes qui font parvenir à la place
de Miniſtre d'Etat.

Les premiers ſoins de celui qui dirige
l'Empire ſont de chercher à rétablir l'ordre
public ; ſans lui , les meilleures loix ſont
inutiles. Depuis le tremblement de terre ,
les vols étoient devenus ſi communs, qu'on
s'étoit accoutumé à les regarder comme un
mal néceſſaire. Les particuliers de Lisbonne,
un peu à leur aiſe , étoient obligés de faire
garder leurs maiſons en plein jour par des
gens armés. Les Egliſes éprouvoient le
même brigandage. On en enlevoit juſqu'aux
vaſes ſacrés. Les vagabonds pouſſèrent leur

fureur jusqu'à vouloir mettre le feu à la ville.

La Police avoit bien voulu corriger ces abus, mais elle ne l'avoit pas assez voulu. Quelques sentences de mort contre les voleurs n'avoient fait qu'augmenter le nombre des vols. Carvalho ordonna des gibets aux environs de Lisbonne, où il fit attacher deux cents cadavres : spectacle qui faisoit frémir. Les ennemis de ce Ministre ont rapporté ce trait comme étant l'effet d'une cruauté inouie; mais qui ne sait qu'aux maux extrêmes, il faut des remèdes violens. Pour les convaincre d'avoir passé les bornes de la Jurisprudence criminelle, on a cité Montesquieu qui, dans son livre des loix, fait l'éloge de la modération des peines : mais ce Philosophe parle d'un Gouvernement tranquille, & non pas d'un Etat tumultueux qui vient d'éprouver une crise qui a ouvert la porte à toutes sortes de crimes. Il est triste d'employer un pareil remède, mais lorsqu'il n'y en a point d'autre, c'est le meilleur. Règle générale , en fait de loix pénales , tout ce qui arrête la cruauté, eſt humanité.

Quoi qu'il en ſoit , cet exemple inſpira une terreur univerſelle. D'abord, il y eut moins de vols , & bientôt il n'y en eut plus.

A peine cette rigueur eut-elle arrêté ces ſuccès , que la famine menaça de la mort le reſte de ce peuple infortuné ; l'hiſtoire ne dit point qu'aucune nation ait éprouvé tant de maux à la fois. Le Miniſtre paya encore ici de ſa perſonne. Il fit ouvrir greniers d'abondance : on le vit faire diſtribuer de la farine aux boulangers & aux citoyens qui manquoient de pain. Ses ſoins allèrent plus loin , il établit l'ordre au milieu de cette confuſion qui naît ordinairement de l'empreſſement où chacun eſt de ſe pourvoir d'un beſoin dont il ne peut pas ſe paſſer. Cette diſette ne manqua pas d'exciter de nouveaux murmures contre lui : car tel eſt le ſort des Miniſtres, qu'on les rend reſponſables des calamités publiques qui ne font pas de leur reſſort : car , dans le fond , cet approviſionnement étoit l'affaire du Gou-vernement municipal ; & ſi Carvalho s'y prêta, c'eſt qu'après l'affreux phénomène qui avoit inſpiré par-tout l'épouvante & la terreur, tous les bureaux, qui formoient la grande Adminiſtration , étoient tombés dans une ſorte d'anéantiſſement qui met-toit l'Etat politique en danger.

On a encore beaucoup parlé d'un autre acte de juſtice qui , pour être plus terri-ble , n'en étoit pas moins équitable, parce que la néceſſité l'exigeoit. Le Miniſtre or-donna aux patrouilles d'arrêter les vaga-bonds & les gens ſans aveu qu'elles trou-veroient dans les rues à des heures in-dues , & de les punir ſur le champ , ſans leur faire le procès ; mais il n'eſt pas vrai, comme le diſent les Mémoires , qu'ils avoient ordre de les pendre ſans formalité de Juſtice.

Il n'eſt aucun cas où un homme doive ſubir la mort ſans l'intervention des Loix.

Les peines correctionnelles., pour les délits ordinaires, font du reffort de la Juftice
diftributive; celles de la mort tiennent à
la légiflation. Il fuffit d'un feul Magiftrat
pour celles-là, au lieu qu'il en faut plufieurs dans celles-ci.

CHAPITRE III.

D'une Loi de Joseph I, pour prévenir la licence de ceux qui parloient indiscretement contre le Gouvernement & les Ministres.

DANS l'Etat Républicain, les écrits ou discours audacieux contre le Sénat sont peu à craindre, parce que la constitution en prévient les mauvais effets ; mais ils sont plus dangereux dans l'Etat Monarchique, parce qu'ils détruisent la subordination, qui est l'ame de ce Gouvernement. En Angleterre, où la République se cache sous la forme de la Monarchie, on dit, & l'on écrit tout ce que la constitution ne défend pas de dire ou d'écrire : ainsi un citoyen publie hardiment que le Prince s'est trompé, ou que le Sénat a pris le change dans une affaire qui intéresse la nation, & qu'en conséquence il en peut réfulter tel ou tel abus, & en conféquence auffi, on change fouvent de délibération. C'eft de cette liberté que naiffent la cabale & l'efprit de parti, efprit qui va toujours au-delà des bornes que la modération preferit à un citoyen; mais c'eft un inconvénient particulier, qui difparoît devant l'utilité générale qu'il procure. Il n'en va pas ainfi dans le Gouvernement d'un feul, où il fe trouve rarement des gens qui prennent part au bien de l'Etat, & qui ne cherchent au contraire qu'à le tourner en dérifion. Voyez dans les Monarchies ceux qui parlent ou écrivent fur les Gouvernemens. Pour l'ordinaire, ce font des gens oififs, livrés au menfonge & à la calomnie, qui fe font un métier de la fatyre; des êtres ifolés, fans biens, fans amis, fans fortune, & qui n'ayant d'autre patrimoine que celui de la méchanceté, cherchent à le faire valoir aux dépens de la crédulité publique. Le mal eft, que dans les Monarchies, les paroles indifcretes & les écrits licencieux contre le Gouvernement,

diminuent

diminuent l'amour qu'on doit avoir pour le Prince, & infpirent une forte de mépris pour les Miniftres. Cet Etat eft fondé fur le modèle d'une famille particulière. Voilà le Gouvernement Monarchique, qui eft la famille des familles.

Les Portugais étoient plus enclins à cette licence qu'aucun autre peuple de l'Europe. Depuis la grande révolution qui avoit placé le Duc de Bragance fur le Trône, ils n'avoient pu s'accoutumer à lui être fidèles. C'eft que lorfqu'une fois les fujets ont fait un Roi, ils fe croient au-deffus du Roi : ils avoient furtout une averfion contre celui à qui le Prince donnoit fa confiance ; ils aimoient moins le Monarque, qu'ils ne haïffoient le Miniftre. Il falloit un Roi abfolu, pour mettre un frein à une licence qui pouvoit devenir funefte, & qui étoit d'autant plus dangereufe, qu'elle fe cachoit, & que fes auteurs, en portant le coup, retiroient la main. A cet effet, Jofeph Ier fit publier un Edit, par lequel il promettoit une récompenſe de cinquante mille livres à celui qui dénonceroit quelqu'un qui auroit mal parlé du Gouvernement actuel , ou qui cherchoient à nuire aux perſonnes employées dans le Miniſtère.

On voit par cette Ordonnance , que ce Prince cherchoit à mettre ſon Miniſtre à couvert de cette perſécution populaire , qui , dans tous les âges , a perſécuté les grands hommes , ſur - tout ceux qui ont voulu faire de grandes réformes.

Nous paſſerons ſous ſilence pluſieurs Ecrits & Ordonnances qui furent donnés dans ces temps-là , pour paſſer à un événement qui méritoit la plus grande attention du Miniſtère.

CHAPITRE II.

La révolution de Porto.

Elle fera à jamais mémorable dans les Annales du Portugal, tant pour le nombre des fujets qui fe révoltèrent contre le Gouvernement, que pour ceux qui furent punis pour avoir eu part à la révolte. Ce qui donna fujet à cet événement, fut la Compagnie connue fous le nom de *Compagnie des vins de Porto.* Il eft étonnant que tant de gens aient parlé de cette Compagnie fans l'avoir connue, & qu'on en ait donné la faute à Carvalho, parce qu'il l'avoit établie.

D'abord, dans l'ordre des chofes, même de celles que l'ambition dirige, il n'eft pas naturel qu'un Miniftre commette une faute capitale, fans autre deffein que celui de la commettre, d'autant plus que

G 2

celles d'Etat ont ce défavantage , qu'elles ne tardent pas à montrer ce qu'elles font, parce que trop de gens font intéressés à les dévoiler.

Si cette Compagnie devoit caufer la ruine de la ville de Porto , comme on l'a publié dans plufieurs livres, il s'enfuivroit de-là que ce Miniftre auroit pris de fauffes mefures ; mais il n'étoit pas de ceux qui fe livrent à ces fpéculations vagues. Carvalho agit dans toute cette affaire en homme prudent : il fe fit donner un état des récoltes des vins de Porto depuis dix ans ; il fuputa enfuite le prix que ces vins avoient été vendus à l'Etranger, relativement à la récolte de chacune de ces années : il en fit un total dont il tira le dixième , & ce fut fur celui-ci qu'il établit le prix , qu'il fixa à la Compagnie. On ne connoît point de calcul plus jufte que celui-ci : parce que dix ans eft le terme qui rapproche toutes les révolutions phyfiques dont le dixième eft le réfumé du total. Une

ville dont la récolte eft en vin , qui fonde
fa richeffe fur une année, peut être aifément trompée , il fuffit qu'elle foit ftérile ,
pour que tout le monde en fouffre ; il ne
faut pas croire que , parce que celle qui
vient après eft abondante , cela rétabliffe
le niveau. Quand celle-ci arrive , la pauvreté de la précédente empêche de jouir
de la richeffe de la préfente : c'eft que le
Colon , qui a manqué de moyens pour la
culture , a été obligé de faire des emprunts
dont il eft obligé de rembourfer le capital
avec l'intérêt dans la récolte abondante ;
ce qui la rend auffi ftérile que la précédente.

Il y auroit beaucoup de chofes à dire
fur cette Compagnie ; je ne dirai que celle-
ci. Pendant le temps que dura le miniftère
de Carvalho, on ne ceffa de fe récrier
contre cette affociation à laquelle on donna
le nom de *monopole*. A la mort de Jofeph Ier , le Gouvernement nouveau ayant
examiné cette affaire avec toute l'attention

qu'elle méritoit, il fut réfolu par le Confeil que cette Compagnie refteroit dans
le même état qu'elle avoit été créée : en
conféquence, elle a fubfifté en fon entier. Les accufations formées contre ce
Miniftre, relativement à cette Société,
étoient donc fauffes : puifque ceux-mêmes
qui étoient les plus contraires à fon établiffement, l'ont adopté unanimement.

D'après cela, on peut juger combien
eft dénué de fondement ce que l'Auteur
des Mémoires avance à l'égard de cette
Compagnie.

« Jufques-là, dit-il, (1) le commerce
» des vins avoit été, pour les habitans de
» Porto, la fource de leurs richeffes, &
» avoit rendu cette ville la plus opulente
» du Royaume après la Capitale. Ce com-
» merce jouiffoit de la plus grande liberté ;
» chacun faifoit fes marchés de la manière
» qui convenoit le mieux à fes intérêts ; &

____

(1) Page 120.

» la concurrence des acheteurs, attirés de
» toutes parts par la réputation méritée des
» vins de ce canton, ne pouvoit manquer
» d'en rendre le débit très-avantageux. Mais
» le nouvel établiſſement fit bientôt languir
» ce commerce important. Il appauvrit &
» finit par ruiner des familles opulentes,
» réduites à livrer leur vin à vil prix, tandis
» qu'exerçant ſous leurs yeux le plus odieux
» monopole, les agens de la Compagnie,
» le vendoient à l'étranger ſur le même pied
» qu'auparavant ».

A l'égard de ceux qui prirent les armes
& qui ſe révoltèrent pour anéantir cette
Compagnie établie par le Conſeil ſuprême,
c'eſt à la Juriſprudence criminelle à juger
ſi le châtiment exercé contre eux, & dont
on a tant parlé dans le monde, fut trop
rigide. Une réflexion préliminaire pourra
mettre le lecteur à portée de s'en convaincre.
Il eſt certain que dans un Etat monarchique
la ſubordination étant l'ame de ce Gouvernement, on ne ſauroit punir trop ſé-

vérement ceux qui excitent des émotions populaires, parce qu'elles ne tendent pas à moins qu'à femer par-tout le défordre & la confufion; ce qui conduit ou peut conduire à la deftruction de l'Empire : c'eft le premier crime de lèze-Majefté. Il n'y a qu'à lire fur ces mêmes émotions populaires les peines portées par la loi. Après cette lecture, on trouvera que les féditieux de Porto furent traités avec beaucoup de ménagement, fur-tout dans une révolution où tous les ordres de la ville prirent part. On connoît la fentence prononcée contre les coupables. Dans la Magiftrature royale, les Juges du peuple fubiffent feuls une peine afflictive. Environ deux cents coupables furent renfermés dans la tour de S. Jean, d'où on en fit fortir quelques-uns pour monter fur l'échaffaud. Cependant l'Auteur de l'Hiftoire des Indes, qui rend compte de cet événement, en parle autrement. Voici comme il s'exprime : « Les » tremblemens (1) de terre, qui avoient

____

(1) Hiftoire Politique des Indes. Tom. III.

» renverfé cette fuperbe Capitale, fe re-
» nouvelloient encore ; les feux qui l'avoient
» réduite en cendres étoient à peine éteints,
» lorfqu'on établit une Compagnie exclu-
» five pour vendre à l'étranger les vins fi
» connus fous le nom de Porto, qui forment
» la boiffon de beaucoup de Colonies d'une
» partie du Nord, fur - tout de l'Angle-
» terre. La ville de Porto, devenue par fa
» population, fes richeffes & fon activité
» la première du Royaume, depuis que
» Lisbonne avoit comme difparu, crut
» avec raifon fon commerce anéanti par
» cette funefte aliénation des droits de la
» nation entière en faveur d'une affociation.
» La Province entre Duro & Minho, la
» plus fertile de l'Etat, ne fonda plus d'ef-
» pérance fur fa culture. Le défefpoir por-
» ta les peuples à la fédition, & la fédi-
» tion rendit le Gouvernement cruel. Dou-
» ze cents perfonnes furent livrées au
» bourreau, condamnées aux travaux pu-
» blics, réléguées dans les forts d'Afrique,

» ou réduites à la mendicité par la confis-
» cation de leurs biens, &c.

Voilà comme la plupart des Au-
teurs écrivent l'Histoire politique de notre
Monde.

LIVRE VII.

CHAPITRE PREMIER.

Conjuration contre la vie du Roi.
Remarques sur celle-ci.

JE supplie qu'on me permette de faire une réflexion préliminaire sur cet attentat, qui occupa l'Europe entiere. Il seroit à souhaiter, pour le bonheur du monde, qu'on pût découvrir la cause de ce crime de lèze-Majesté au premier chef, d'autant plus que nos âges modernes sont teints du sang de plusieurs Rois : on ne l'attribuera pas sans doute aux Romains, de qui nous tenons en partie nos mœurs & nos coutumes, ainsi que nos vices & nos vertus. Les conjurations contre la vie des Empereurs étoient ordinairement des affaires d'Etat, où les conjurés pouvoient entrer,

ſans paſſer pour homicides : ainſi, après
la mort de Céſar, on ne fit point le procès
à Brutus qui lui avoit porté le coup mortel. Cet aſſaſſin déclara même, que ſi
l'Empereur avoit été ſon père, il l'eût tué
tout de même. Comme la puiſſance de ces
Maîtres du monde étoit entiérement arbi-
traire, & qu'ils ne mettoient aucunes bornes à leur pouvoir, il arrivoit ſouvent
qu'un tel mal demandoit un pareil remède.

D'ailleurs, ceux qui conjuroient contre
le Prince ne cherchoient à lui arracher la
Couronne, que pour la placer ſur leur
tête, ou ſur celle de quelques-uns de leur
parti : politique qui ne ſauroit avoir lieu
dans nos temps modernes, où la ſuccef-
ſion au Trône eſt indépendante du genre
de mort de celui qui l'occupe. Comme
les aſſaſſins de nos Rois ne ſauroient avoir
part au diadême, ce crime eſt toujours à
pure perte pour ceux qui le commettent.
La révolution n'eſt que pour la Famille
Royale. Pour excuſer un crime qui n'a

point d'excuse, on a dit une chose bien vague : que le despotisme des Rois porte les sujets à ce délit. Mais il y a plus de mille ans que l'Europe se gouvernoit sur le même plan, & ce vice n'a pas toujours régné d'une manière si effrénée. On ajoute, que c'est le seul moyen qui reste pour contenir les méchans Rois : d'où vient donc qu'on ne porte des mains sacriléges que sur les bons, & que la plupart des tyrans meurent presque toujours dans leur lit. Qui méritoit moins d'être assassiné qu'Henri IV, lui qui étoit l'ami des hommes & le père de ses sujets. Quelle tyrannie avoit exercée Louis XV, qui joignoit aux qualités du meilleur Monarque, celle du Roi honnête homme. Que pouvoit-on reprocher à Joseph Ier, si ce n'est d'avoir été clément jusqu'à s'en repentir.

Je n'ose point déchirer le voile qui couvre ce crime affreux ; ma main tremble en tirant le rideau qui le cache. J'ai honte de reprocher à mon siécle, que ce qui devroit le combler de gloire, le couvre de honte. Qui le diroit ! la révolution qui s'eſt faite dans l'eſprit humain a enfanté ce crime qui eſt né de la multiplicité des ſciences, & encore plus de la confuſion des livres. Du moins on découvre, par les monumens de l'Hiſtoire, que dans le ſiécle le plus ignorant les hommes étoient moins barbares. Je croirois volontiers que la révolution ſubite qui s'eſt faite dans les Arts n'ayant pas donné le temps à l'eſprit de s'y préparer, a gâté l'imagination, qui a enfanté à ſon tour cette foule de monſtres que les Tribunaux de nos jours combattent. Chacun ſe fait une manière de penſer & une morale à ſa guiſe. Lorſqu'on fit le procès à Damiens, le Parlement de Paris, qui examina cette affaire avec cette réflexion profonde qu'elle méritoit, trouva que la lecture, en gâtant l'imagination de cet aſſaſſin, lui avoit mis le poignard à la main.

Voilà pour le général des hommes. Mais il y a une autre cauſe de ce crime de lèze-Majeſté, d'autant plus dangereuſe, que depuis l'établissement des Cours & des Courtisans, elle s'est approchée du Trône des Rois, je veux parler de la Noblesse, dont le luxe & la vanité ont changé ses mœurs; changement qui, en la rendant fière, hautaine & audacieuse, l'a souvent portée à conjurer contre le Prince.

Richelieu, pour affermir le Trône de Louis XIII, passa sa vie à diminuer le pouvoir des Grands. Il fut plus occupé de ce dessein que de celui d'abaisser la maison d'Autriche. Tous les Gouvernemens monarchiques absolus, qui, pour leur sûreté personnelle, auroient dû suivre la grande maxime de ce Ministre, ne le suivirent point. De-là sont venues ces conjurations, dont l'Histoire moderne fait mention.

Cependant, comment arrive-t-il que, dans ces Etats, ceux qui, par leur condition, sont les plus attachés à la Couronne, conjurent contr'elle. Il faut expliquer ceci, sans quoi on verroit de grands crimes, sans en connoître la cause. On sait que l'amour-propre est le mobile de toutes nos actions,

qu'il excite nos paffions, qu'il irrite nos
defirs, qu'il enflamme notre imagination,
& donne à l'ame ces mouvemens con-
vulfifs qui les portent à toutes fortes d'excès;
fur-tout lorfque cet amour eft offenfé ou
fe croit offenfé perfonnellement. Jofeph Ier
avoit refufé quelque grace à une famille
de Grands ; ce qui irrita leur Chef, au
point de s'en prendre à fa perfonne : voilà
la conjuration de Portugal. Il ne faut pas
en chercher d'autre caufe, parce qu'il n'y
en a point d'autre. Il eft vrai que le vice
perfonnel des Conjurés y contribua beaucoup, mais ce fut cette première caufe qui
irrita les fecondes, comme nous l'allons
voir dans le Chapitre fuivant. Malheur à
tout Gouvernement monarchique, où le
défaut de fubordination laiffe aux Grands
trop d'autorité & d'audace. Peut-être que
l'Etat defpotique en pareil cas eft moins
dangereux, parce que la crainte contient
tous les fujets, de quelque rang & condition qu'ils foient. Là, la fervitude fait
ce que les meilleures loix ne font pas
toujours

toujours dans les Monarchies. Il est triste
qu'il faille rendre les hommes esclaves,
pour les contenir dans leur devoir : mais
tel est leur sort, qu'il leur faut des fers,
ou une liberté qui, en les rendant citoyens,
leur donne du dégoût pour le despotisme :
chose que les Républiques cherchent toujours, & qu'elles ne trouvent jamais.

CHAPITRE II.

Esprit & génie de ceux qui attentèrent sur la personne du Roi.

C'est dans le caractère des Conjurés qu'on découvre la conjuration. Le Duc d'Aveiro, qui en étoit le chef, étoit un de ces monstres abominables que l'enfer vomit quelquefois sur la terre pour les malheurs du monde. Cet homme sans foi, sans loi, sans honneur, ni probité, avoit tous les vices d'un scélérat, sans aucune des qualités qui, en politique, font prétendre à la scélératesse. Son ame basse, pétrie de boue, étoit capable de tous les forfaits qui peuvent se commettre, sans aucune sorte de valeur ni courage. Ce n'étoit pas un Brutus ni un Cromwell que l'ambition avoit fait tyrans, mais un vil assassin, en qui l'orgueil & la vanité avoient mis les armes à la main , pour commettre le plus noir des crimes.

Il n'étoit pas né ce qu'il étoit : son élévation étoit l'ouvrage de la fortune ou plutôt du caprice qui préside à la plupart des événemens de ce monde. Cadet de la maison de Mascarenhas , qui , pour être la moins nouvelle du Portugal , n'étoit pas la plus noble , il ne devoit point prétendre au rang où il parvint. Son frère aîné , le Marquis de Gouvea , s'étant pris de belle passion pour une Dame mariée avec un Fidalgo de la maison d'Almada , l'enleva & s'enfuit avec elle. Cet enlévement , qui, dans tout autre Gouvernement , passe pour un simple délire d'amour , en Portugal est un crime capital qu'on ne peut expier que par un exil perpétuel de sa patrie , ce qui prouve (pour le remarquer en passant) qu'il y a encore des mœurs dans ce Royaume, puisqu'on ne peut pas se jouer impunément de l'engagement le plus saint qui soit chez les hommes. Ainsi

le jeune Mascarenhas devint Marquis de
Govea , sans autre titre que celui de l'éloi-
gnement de son frère. Par un second événement , peut-être aussi bisare que le premier , il fallut qu'un Moine devînt premier
Ministre de la Couronne , & que ce Moine
se trouvât son oncle. Dès lors , le nouveau
Marquis jouit de tous les honneurs de la
Cour & de toutes les richesses de sa famille. Mais , comme pour élever cette maison au faîte des grandeurs , il lui falloit un
titre suprême qui le plaçât à côté du Trône ,
on chercha à lui en procurer un qui le fit
parvenir à ce haut rang. Le Duché d'Aveiro
étant devenu vacant par la mort de celui
qui l'occupoit , on imagina qu'il pouvoit
remplir ce grand objet. Quelques titres
spécieux sur ce Duché , qui ne sont pas
venus jusqu'à nous, en furent le prétexte.
On attaqua légalement le véritable héri-
tier : & comme il arrive rarement que le
neveu d'un premier Ministre perde un
procès , ce neveu gagna le sien. On joignit

à cette élévation la première charge de la Couronne. Ce fut alors que Mascarenha de cadet devenu aîné, de Marquis Duc, & de Duc Grand-Maître de la Maison du Roi, se livra à tous les excès & à toutes les extravagances d'un parvenu. Jamais mortel ne déploya tant de fierté, de hauteur & d'arrogance. A force de prévention sur sa nouvelle grandeur, il étoit parvenu à croire que son rang, sa charge & sa fortune le mettoient au-dessus des loix, & que, quelque crime qu'il pût commettre, ils étoient insuffisants pour le punir.

Le Marquis de Tavora Fidalgo, le plus noble du Royaume, avoit apporté en naissant les qualités dignes du rang dont il étoit issu. Son éducation avoit été moins négligée que celle des autres Seigneurs du Portugal. Aussi avoit-il de la religion, des mœurs, des principes. Engagé dans l'état militaire dès sa première jeunesse, il étoit parvenu au rang de Général, sans avoir les qualités qui le font mériter. Il devoit le commandement de l'armée à ſes années , & non à cette bravoure & à ce courage qui fait le Capitaine. Dans un Etat où on ne fait jamais la guerre , la valeur eſt un nom qu'on donne à une choſe qu'on ne connoît pas. On l'accuſoit d'avoir mal-verſé dans les Indes où il avoit été Vice-Roi. Mais on ne put pas appeller malverſation la conduite d'un Miniſtre qu'on envoie à ſix mille lieues de ſa patrie , tout exprès pour s'enrichir. Alors les monopoles , les fraudes & les vexations deviennent des eſpèces de droit des gens.

Dans ſa première jeuneſſe , qui eſt le temps où l'on juge du caractère de l'homme, on n'avoit point apperçu en lui aucun de ces vices capitaux qui annoncent de loin le grand ſcélérat. Si, ſur ſes vieux jours , il ſe rendit complice d'un grand crime , c'eſt qu'il ſe laiſſa ſéduire par de plus grands criminels que lui. Après avoir conſenti à la conjuration , il ſe dégagea pluſieurs fois de ſa parole , & pluſieurs fois on l'obligea

à la tenir. S'il se rendit criminel de leze-
Majesté au premier Chef, ce fut plutôt par
condescendance que par scélératesse. Il ne
fut guère coupable que de foiblesse.

Pour donner une autre trempe à son
caractère, pour rendre son ame perfide,
il fallut irriter son ambition, piquer son
amour-propre, & réveiller sa vanité contre
le Monarque. On fit plus, on le persuada
que sa naissance, son rang & sa qualité de
Général le mettoient au-dessus des loix,
& qu'il suffisoit que le Roi ne fût plus, pour
que sa mort restât impunie.

Au reste, ce Conjuré étoit dévot. Dans
le sein même de la conjuration, il confes-
soit & communioit souvent. Cependant il
continuoit de persister dans son dessein.
C'est peut-être le premier coupable qui
ait mêlé les exercices les plus saints de la
Religion avec les crimes les plus sacriléges
de la politique.

Dona Eléonore, Marquise de Tavora,
sans avoir été la première à imaginer la

conjuration, en étoit l'ame & le soutien.
Elle avoit de l'esprit & encore plus de cette
ambition qui porte les femmes à faire des
choses extraordinaires. Son génie vif, actif,
intrigant lui rendoit facile & aisé ce que
la plupart de celles de son sexe regardent
comme impraticable. Les obstacles & les
difficultés ne l'étonnoient point; au contraire
en irritant son caractère, ils la rendoient
inflexible. La vie privée où elle étoit condamnée depuis son retour des Indes, où
elle avoit été Vice-Reine, étoit pour elle
une sorte de martyre. Sa domination dans
les nouveaux Mondes lui rendoit insupportable son anéantissement dans l'ancien:
elle vouloit jouer un premier rôle ; & la
conjuration contre le Roi pouvoit seule lui
en ouvrir le chemin. Lorsqu'une femme
est vieille, & que ses charmes sont usés,
le desir qui lui reste de faire parler d'elle
est aussi vif que celui de l'amour. Elle avoit
le courage des ames fortes, qui ne redoutent
point la mort, & qui la souhaitent même

lorfqu'elle met un obſtacle à leur agran-
diſſement.

Son mari s'étant repenti pluſieurs fois
d'avoir cédé aux inſtances du Duc d'Avéiro,
le Chef de la conjuration, elle lui donna
cette fermeté qui lui manquoit, & qu'elle
feule pouvoit infpirer.

Le Marquis Louis-Bernard de Tavora,
fon fils aîné, l'un des Cònjurés, étoit fier,
orgueilleux, rempli de préfomption & de
lui-même. Il étoit en état de tout entreprendre, pourvu qu'il ne fallût que de
l'audace & de la témérité ; d'ailleurs incapable d'aucun deſſein qui demandât de
la conduite & de la capacité. On ne l'eut pas
plutôt inſtruit de la conjuration, qu'il l'em-
braſſa avec ardeur. Sa vanité la lui fit regarder comme un chemin que la fortune
lui ouvroit pour arriver aux grandes charges
& aux premiers emplois dont il étoit privé.
Ce conjuré ne vit point le crime, & encore moins la punition qui en eſt prefque
toujours une fuite néceſſaire. Tel eſt l'aveu-

glement de ceux qui attentent sur la vie des Rois, de se faire un plan si sûr de la conjuration, qu'elle ne peut point manquer. Soit aveuglement, soit présomption, les coupables vivent dans une sécurité entière : le moment fatal arrive, le songe finit, & une punition terrible commence.

Joseph - Marie de Tavora, son frère, étoit le seul des Conjurés qui eût de l'honneur & des sentimens. Ce jeune Seigneur avoit l'ame grande, belle, noble, le crime étoit incompatible avec son caractère, qui étoit juste, honnête, droit & équitable. A peine lui eut - on communiqué le dessein qu'on avoit sur les jours du Roi, qu'il en eut horreur. Tout autre qu'un père, qui lui en eût fait l'aveu, eût payé de sa vie la confidence qu'il lui en faisoit. Mais il falloit par un refus perdre toute sa famille, ou, en entrant dans la conjuration, s'exposer à mourir sur un échaffaud : funeste alternative. Par une fatalité particulière à sa destinée, la nature l'engagea à commettre un grand crime.

Don-Jérôme de Ataïde, Comte d'Aton-guia, beau - fils du Marquis de Tavora, n'avoit point de caractère. Né fans efprit ni génie, il étoit incapable d'aucune intrigue, qui demandât la moindre réflexion. Le jeu, la table & le vin partageoient fa vie; il pouffoit la groffiereté jufqu'à la ftupidité. Comme il n'étoit fufceptible d'aucune paffion violente, la haine, le reffentiment & la vengeance n'entroient point dans fon ame : la débauche & la crapule l'occupoient toute entière. Il s'étoit engagé dans la conjuration fans la connoître. Peut-être lui avoit-on caché jufqu'au nom de *crime* qu'elle renfermoit. Il l'avoit regardée comme une affaire de famille, à laquelle le devoir de parenté l'engageoit.

Le fixième Chef de la conjuration étoit Braz-Jofeph Romeiro, Capitaine de Cavalerie du Régiment de Tavora, foldat de fortune, attaché à la maifon de ce Général, à laquelle il étoit entiérement dévoué. Cet

homme ne vit, dans ce crime de lèze-Majesté,
que son avancement. Il est remarquable que,
dans cette conjuration, aucun des Conjurés ne soupçonna le sort qui l'attendoit :
c'est qu'on crut avoir pris des mesures si
justes, qu'elle devoit nécessairement réussir.
Le reste des Conjurés étoit des domestiques
au service des principaux Chefs : hommes
avilis par leur état, & qui croyoient s'élever au-dessus de leur condition, en s'associant avec leur maître pour commettre
le même crime.

On a cru en Portugal que la jeune Marquise de Tavora, maîtresse du Roi, &
qui fut la cause première de cette catastrophe, savoit la conjuration, mais que la
position où elle se trouvoit l'empêchoit
de la découvrir : elle ne pouvoit en ins-
truire le Roi, sans courir le risque de perdre sa famille, ni laisser agir sa famille,
sans s'exposer au danger de perdre son
amant. Funeste alternative pour un cœur
bien épris. Cependant il n'est guère pro-

bable que les chefs des conjurés euffent confié la conjuration à une Dame que la paffion pouvoit aveugler au point de les facrifier au Monarque qu'elle aimoit. En amour, le premier intérêt, c'eft l'amour lui-même.

CHAPITRE III.

Assassinat commis en la personne du Roi

CE fut la nuit du 3 Septembre 1758, que les Conjurés, dont nous venons de parler, choisirent pour arracher la vie à Joseph Ier, & le faire descendre dans le tombeau par un lâche assassinat. Ce Prince doit périr sur le chemin de Bélem : ses premiers Sujets devoient être ses bourreaux. L'exécution de ce crime est facile. Les Rois de Portugal marchent sans suite : l'amour & la fidélité de leurs sujets font leurs gardes-du-corps. Les conjurés profitent de cette sécurité : chacun d'eux doit tirer à son tour. La perte du Monarque est inévitable ; car s'il échappe au coup des premiers assassins, il doit périr sous les coups des seconds. On ne trouve point de conjuration dans l'Histoire, qui découvre mieux cette Providence qui veille à la sûreté des Rois. Le Prince échappe à tous ces meurtriers : mais ce n'est pas assez d'avoir évité la mort, il faut encore mettre l'Etat à couvert d'une révolution.

Lorsque la conjuration de la Couronne est formée par des hommes obscurs, il suffit qu'elle ait échoué, pour que le Trône soit en sûreté : c'est tout le contraire, si elle est fomentée par les Grands, qui voyant leur coup manqué, n'ont d'autre ressource, pour éviter les châtimens de leur crime, que d'exciter de nouveaux troubles. Le Ministre qui voit le danger où le Roi & l'Etat se trouvent, sauve l'un & l'autre avec une adresse admirable. Il conseille au Prince de dissimuler, & de prétexter une chûte pour se mettre à couvert d'un nouvel assassinat. Carvalho prend lui-même ce parti : montre beaucoup de tranquillité d'ame, & une plus grande assurance d'esprit. Comme cet événement est déjà répandu dès le matin à Lisbonne, il rassure les Ministres étrangers & les Grands du Royaume qui viennent s'informer de l'état du Roi. Il leur avoue à la vérité qu'il eſt au lit, mais qu'il n'y eſt retenu que par une ſaignée qu'on lui a faite à l'occaſion d'une légère chûte. Ceux qui avoient vu ce Miniſtre le ſoir, ont aſſuré qu'ils n'avoient remarqué aucune différence ſur ſon viſage le matin. Je ſupplie qu'on faſſe attention à la fermeté néceſſaire pour ſe contraindre ainſi. Quel empire ne faut-il pas avoir ſur ſon ame, pour montrer tant de tranquillité au milieu de tant de péril. Un Miniſtre violent & mal adroit eût fait arrêter ſur le champ pluſieurs Grands du Royaume, d'autant plus que la voix publique nommoit les coupables & les déſignoit par leur caractère. Il veut s'aſſurer de la perſonne des criminels avant de punir leur crime. Il y parvint par une politique fine & adroite, où tout autre homme d'Etat eût échoué. Il n'écoute point ſon reſſentiment particulier, il n'eſt occupé que du deſir de venger le Roi ſon Maître. Il établit un plan d'inquiſition ſecrete, qui

doit

doit nécessairement découvrir la conjuration. Ses recherches doivent être d'autant plus cachées, que les Conjurés ont les yeux continuellement attachés sur lui, & ne le perdent pas un instant de vue. Mais il sait tromper leur vigilance. Il a la conviction de leur crime & les fait monter sur l'échafaud au moment qu'ils s'y attendoient le moins, & que le Portugal & toute l'Europe avoient oublié cette affaire.

CHAPITRE IV.

Commencement de procédure contre trois Membres de la Société.

APRÈS l'exécution des grands criminels, on procéda contre les Jésuites qui avoient été attachés à la maison du Duc d'Aveiro, & à celle du Marquis de Tavora. Des troupes investirent leurs maisons, & on signifia aux Religieux un ordre du Cardinal-Visiteur, qui leur défendoit de sortir. Cependant on enleva tous les papiers qu'ils avoient dans leurs chambres, ainsi que ceux qui étoient dans les archives.

Les partisans des Jésuites ont beaucoup fait valoir ce premier acte de justice, auquel ils ont donné le nom d'*hostilité*. Il est clair que cet ordre, donné à la suite de la mort des coupables, étoit émané de la confession qu'ils avoient faite de leurs complices. Cette confession n'est pas parvenue jusqu'à nous, elle est restée cachée dans le fond du procès des criminels.

Par ces mêmes dépofitions, les Jéfuites Gabriel Malagrida, Italien, Jean-Alexandre de Souza, & Jean de Matos, Portugais, parurent les plus coupables, du moins ils furent réputés tels dans la Sentence du 12 Janvier 1759 ; elle leur donna le nom d'*Inftigateurs* & de *principaux Chefs de la Confpiration.* Dans peu, la Société entière fut bannie du Portugal, &, bientôt après, de tous les Etats de l'Europe.

On connoît leur départ du Portugal, & toutes les formalités qui furent pratiquées ; ainfi, on ne répétera pas ici ce que tout le monde fait.

CHAPITRE V.

Le Miniſtre fait publier un Edit pour augmenter les preuves contre les coupables.

IL convient à un grand homme qui eſt à la tête de l'Adminiſtration , de ne rien épargner pour découvrir les auteurs d'un grand crime , ſur-tout lorſque les criminels ont attenté ſur la perſonne du Roi. Par l'Edit qui fut publié , le Monarque accordoit la nobleſſe aux roturiers , & des récompenſes d'une autre nature à ceux qui étoient déjà nobles , qui indiqueroient les conjurés qui avoient échappé aux perquiſitions de la Juſtice ; déclarant , en même temps , qne les perſonnes qui les connoîtroient , & qui ne les déclareroient pas , feroient ſujets aux mêmes peines que les coupables , ſi elles venoient à être découvertes : méthode admirable pour exciter à

la fois l'efpérance & la crainte, les deux
plus grands refforts qu'il y ait chez les
hommes. L'Ordonnance étoit conçue en
ces termes.

« La fidélité, l'amour & le refpect de
» nos fujets pour leurs Souverains carac-
» térifent d'une manière fi diftinguée la na-
» tion Portugaife, qu'il n'en eft aucune
» dans l'Europe qui fe foit dans tous les
» temps plus exemplairement fignalée dans
» l'obfervation de fes devoirs indifpenfa-
» bles. C'eft ce que nous n'avons jamais
» ceffé d'éprouver nous-mêmes depuis no-
» tre avénement à la Couronne, par les
» preuves les plus remarquables & les plus
» décifives que nos fujets nous ont conti-
» nuellement données de leur reconnoiffan-
» ce pour les grands & multipliés bienfaits
» dont notre bonté paternelle ne s'eft ja-
» mais laffée de les combler. Qui auroit
» donc pu s'attendre, qu'au mépris de ces
» fentimens fi inviolables de nos fujets,
» l'on verroit malheureufement parmi les
» habitans de nos Etats, des hommes capa-

» bles de méprifer les exemples anciens &
» jamais interrompus de leurs compatrio-
» tes , & rompre, de la manière la plus bar-
» bare , les liens auffi honorables que pré-
» cieux de la reconnoiffance & de la fi-
» délité , fans avoir pu être retenus dans
» leur exécrable perfidie , ni par la beauté
» de ces vertus , ni par la honte des affreux
» forfaits dans lefquels ils alloient fe pré-
» cipiter , ni par le poids infupportable du
» châtiment que devoient attirer à leur dé-
» teftable complot le bien public de nos
» Etats, & l'honneur général de nos fujets,
» qui n'ont point d'intérêt plus fenfible que
» de n'être pas confondus avec des hom-
» mes coupables d'un fi horrible attentat ?

   » Sans être arrêtés par toutes ces con-
» fidérations, ces fcélérats ont eu l'audace
» de former entr'eux , avec des complots
» diaboliques , une conjuration facrilége ,
» d'autant plus abominable , qu'ils n'ont pas
» craint d'employer , avec l'air le plus myf-
» térieux & le plus capable d'en impofer
» à la fimplicité des ames dévotes, les fug-

» gestions qui pouvoient faire sur elles la
» plus forte impression. Ils ont commencé
» par leur faire entendre & leur certifier
» d'une manière aussi secrète que pleine de
» malignité, que nos jours devoient être
» fort abrégés : ils ont même poussé le fa-
» natisme jusqu'à en fixer le terme au mois
» de Septembre dernier. Et après avoir pré-
» paré les esprits à cette conjuration, par
» ces malignes prédictions, ils en sont ve-
» nus jusqu'à l'horrible témérité de les vé-
» rifier par l'exécrable attentat qu'ils ont
» exéuté sur notre personne le 3 du susdit
» mois de Septembre dernier, sur les onze
» heures du soir, dans le temps que nous
» venions de sortir de la maison de plai-
» sance appellée *la Quinta do Meyo*, pour
» traverser la petite place qui la sépare de
» notre Palais-Royal, où nous allions nous
» retirer. Près de la porte de cette maison,
» trois des conjurés à cheval, cachés der-
» rière les bâtimens qui y sont contigus,
» tirèrent avec une infâme & détestable
» trahison sur le derrière de notre carosse

» trois coups de mousquet ou de fusil, si
» fortement chargés de grosse mitraille,
» que quoique l'un d'eux n'eût pas pris feu,
» les deux autres firent au dossier du car-
» rosse deux ouvertures circulaires d'une
» telle grosseur, & le fracassèrent d'une
» telle manière, qu'il est impossible de com-
» prendre comment notre personne royale
» put éviter la mort dans un si petit es-
» pace. Les blessures considérables que
» nous reçûmes nous auroient indubitable-
» ment fait périr, si le Tout-puissant ne
» nous eût miraculeusement préservé du
» principal effet que devoit naturellement
» avoir un attentat si exécrable.

« Les principes les plus sacrés du droit
» divin, du droit naturel, du droit civil,
» & de la patrie, se trouvant horriblement
» violés par cette barbare & sacrilége cons-
» piration, également capable de révolter
» la religion & l'humanité, ils en exigent
» d'autant plus indispensablement la répa-
» ration, qu'il en résulte un outrage plus
» solemnel pour la fidélité portugaise, dont

» les loüables fentimens d'honneur, d'amour
» & de reconnoiffance pour notre Per-
» fonne royale , ne pourroient jamais fe
» tranquillifer , fi cette déteftable conju-
» ration n'étoit découverte & totalement
» extirpée jufques dans fes racines veni-
» meufes , & fi on laiffoit jouir de leur
» liberté , parmi nos fidèles fujets , quel-
» ques-uns des horribles monftres qui ont
» confpiré pour commettre cet abominable
» forfait.

» A CES CAUSES , nous ordonnons que
» toutes les perfonnes , qui , en donnant
» des preuves de leur déclaration , dénon-
» ceront qui que ce foit de ceux qui font
» coupables de cette infâme conjuration ,
» feront par nous , s'ils font roturiers , éle-
» vés à la nobleffe ; s'ils font nobles , ils fe-
» ront élevés au grade de *Moço-Fidalgo* (1)
» & de Chevaliers ; s'ils font de ce rang ,
» nous les éléverons aux grades de Vicomtes

______

(1) C'eft le titre qu'on donne en Portugal aux fils des
Grands.

» ou de Comtes , fuivant le grade dans
» lequel ils fe trouveront ; & s'ils font déjà
» titrés , nous les éléverons aux titres im-
» médiatement fupérieurs à ceux qu'ils
» avoient auparavant ; le tout fans préjudice
» des autres récompenfes que nous nous
» propofons d'accorder conformément à la
» qualité de ceux qui feront lefdites décla-
» rations , & à l'importance du fervice qu'ils
» auront rendu , & que nous récompen-
» ferons , foit en argent , foit en offices
» de juftice ou de finances , & en biens
» même de notre domaine, & en Croix &
» Commanderies de nos Ordres.

» Nous voulons en outre que ceux-mêmes
» qui auroient trempé dans cette conjura-
» tion , s'ils ne font pas du nombre de fes
» premiers Chefs , reçoivent dès-à-préfent
» leur grace & pardon , en venant à révé-
» lation de leurs complices & de tout ce
» qu'ils en auront pu favoir.

» Et quant aux Officiers de Juftice qui fe
» feront faifis de quelques - uns des cou-
» pables , nous les récompenferons par les

» honneurs & autres avantages propor-
» tionnés à l'importance du service qu'ils
» nous auront rendu ; lefquelles récom-
» penfes leur feront accordées , fans pré-
» judice de celles qu'ils auroient méritées ,
» s'ils étoient du nombre des fufdits dé-
» nonciateurs.

    » Et afin que perfonne ne puiffe mettre
» à couvert des coupables fi pernicieux par
» la fauffe appréhenfion de paffer pour dé-
» lateur , nous voulons que tous nos fujets
» foient avertis , que cette idée que le
» vulgaire a coutume de fe former des dé-
» lateurs en toute autre matière , ne peut
» avoir lieu en fait de crimes de conjura-
» tion contre le Souverain , & de haute
» trahifon ; d'autant qu'au contraire , dans
» ces fortes de crimes , le filence & la non-
» révélation de ceux qui en ont connoif-
» fance , & qui ne les dénoncent pas en
» temps opportun , les affujétiffent aux
» mêmes peines & à la même infamie que
» doivent fubir ceux qui en font coupables;
» de forte que les pères mêmes n'en font

» pas exempts , quand ils ne dénoncent pas
» leurs enfans , ni les enfans quand ils ne
» dénoncent pas leur père ; attendu que ,
» lorfqu'il s'agit de crimes fi énormes , &
» fi préjudiciables au public , la conferva-
» tion de fon Roi & de fa Patrie , qui font
» les pères communs de tous , eft d'une
» obligation fupérieure & indifpenfable.

   » Et , parce qu'un fi horrible forfait
» exige abfolument qu'on prenne les
» moyens les plus faciles & les plus prompts
» pour arrêter les coupables & les empri-
» fonner , Nous ordonnons que tous les
» Magiftrats & Juges de nos Etats foient
» compétens , même dans toutes les terres
» de notre Couronne , & dans celles de
» nos donataires , quelques privilégiées
» qu'elles foient , pour y faifir les coupables
» de ce crime ; de telle forte qu'ils y puiffent
» entrer à cet effet , fans nouvel ordre des
» Miniftres de notre Couronne ; accordant
» le même pouvoir aux Officiers de nof-
» dits donataires , pour la capture feulement

» Voulons en outre & nous plaît qu'ils
» foient arrêtés , même par les particuliers
» qui pourront les découvrir , & en quel-
» qu'endroit qu'ils puiffent les trouver ; **à**
» condition néanmoins qu'auffitôt après les
» avoir faifis , ils les remettent incontinent
» à l'Officier de *la Barre-Blanche* (1) **la**
» plus proche , qui fe chargera de les tranf-
» férer au plutôt dans cette Capitale fous
» bonne & fûre garde.

» Nous chargeons le Docteur **Pedro**
» Gonzalves Pereira , Membre de notre
» Confeil , (2) , Député du Tribunal de
» Confcience & des Ordres , & Chance-
» lier du Tribunal de la *Supplique* (3) que
» nous avons nommé Juge de l'*Inconfi-*
» *dence* (4) , d'exécuter le préfent Édit en

---

(1) Officier de Juftice qui répond à nos Officièrs de Maréchauffée.

(2) *Defembargador do Paço.*

(3) *Cafa da fupplicaçaon.* C'eft proprement la Chambre des Requêtes , où l'on juge fouverainement & en dernier reffort toutes les affaires des particuliers qui y vont par appel.

(4) Tribunal établi pour juger les crimes de félonie & de haute trahifon.

» tout ce qui le concerne, après l'avoir
» fait afficher dans tous les lieux publics
» de cette ville de Lisbonne & dans la
» banlieue, & l'avoir envoyé dans toutes les
» autres villes & bourgs de ces Royaumes.
» Ordonnons que foi soit ajoutée à toutes
» les copies qui seront signées de lui,
» comme au présent original; le tout non-
» obstant toutes les loix, ordonnances &
» coutumes contraires, auxquelles à cet
» effet nous dérogeons expressement.

Donné à Bélem le 9 Décembre 1758.
Signé de Sa Majesté.

LIVRE VI.

CHAPITRE PREMIER.

*Un grand nombre de Seigneurs & autres
font arrêtés après l'exécution des criminels ; pourquoi , & quelle en fut la
raifon.*

ON a dit , & l'on a écrit que les recherches de Carvalho , fur ceux qu'on foup-
çonnoit avoir eu part à la conjuration ,
étoient trop rigides. Mais fi dans cette occafion ce Miniftre n'a rempli que les obligations
de fa charge ; s'il n'a fait des perquifitions
que pour le bien de l'Etat ; fi fa févérité
a été la mefure de fes devoirs , on doit
le louer d'avoir marqué dans fes recherches
une ame ferme & inébranlable.

On ne devoit pas fuppofer que dans la
conjuration il n'y avoit d'autres Conjurés
que ceux qui avoient attenté fur la vie du
Roi. Lorfque les Grands ont porté la

main fur la Perfonne facrée du Prince ,
le crime de leze - Majefté au premier Chef
a déjà pouffé de profondes racines , fur-
tout dans un Etat où tous les Nobles font
parens ou alliés les uns des autres. On ne
parvient pas à ce point de corruption , fans
que beaucoup de Seigneurs ne foient cor-
rompus. Ainfi , pour arrêter le mal , il faut
que les recherches foient très-rigoureufes,
fur-tout ne faire grace à aucune perfonne
de quelque rang & condition qu'elle foit.
Il n'eft pas queftion de preuves avérées ;
en pareil cas , les foupçons deviennent convictions. La nature du délit le demande ainfi:
de deux maux , il faut éviter le pire. C'eft
une maxime inviolable dans la Jurifdiction
royale , comme dans la civile. Il faut
faire la différence entre un crime de haute
trahifon , & un délit ordinaire : celui - là
tend à la deftruction de l'Empire ; au lieu
que celui-ci n'y caufe qu'une fimple léfion.
Le meurtre qu'on exerce fur un particulier eft peu intéreffant pour le genre hu-

main

main ; ce n'eft qu'un homme de moins fur la terre. Le vuide que caufe la mort d'un individu peut aifément être réparé par la naiffance d'un autre ; mais la mort d'un Roi eft toujours un événement pour le monde. La main, qui lui donne la mort, précipite dans le tombeau un grand nombre de mortels. On fait les maux que Cromwell caufa en Angleterre par le meurtre de Charles Ier. Toute la Nobleffe bretonne fut enfevelie fous les débris du Trône. Que, fi le crime de leze-Majefté au premier Chef n'enfanglante pas toujours la nation, il ne manque jamais de caufer une révolution dans le Gouvernement politique. Sully alloit confommer l'ouvrage de la grandeur de la France : tout étoit prêt pour changer le fyftême de la Monarchie, lorfque le couteau fatal, qui perça le fein d'Henri IV, remit les chofes dans le même Etat. Il eft difficile de calculer au jufte le mal que cette mort précipitée caufa à la France. Quelques luftres de plus euffent donné le temps à Sully de perfectionner fon ouvrage, &

alors cette Monarchie eût pris pour toujours l'afcendant fur tous les autres états de l'Europe. Car lorfque les premiers refforts de la Puiffance politique & l'économique font une fois tendus, ils font difficilement détruits par cette fucceffion de hafards, qu'on nomme la *fortune*. Il n'y a point de Portugais aujourd'hui qui puiffe fe repréfenter, fans frémir, l'état où fe feroit trouvé le Portugal, fi le coup fatal, qui en vouloit aux jours de Jofeph Ier, eût porté. Il eft à préfumer que ceux qui avoient fait la révolution, auroient voulu en profiter. Des fcélérats, qui avoient plongé les mains dans le fang de leur maître, ne pouvoient fe foutenir que par de nouveaux forfaits. Le trouble & la confufion feroient entrés dans le Gouvernement avec les meurtriers du Roi. Les principaux Miniftres euffent été déplacés, les premières charges de la Couronne vendues à leur avarice, & tous les honnêtes gens exilés. Les méchans ne veulent pas que les bons foient témoins de leur méchanceté; leur préfence eſt pour eux un reproche continuel.

Ceux qui ont dit que ce Miniſtre ne faiſoit arrêter tant de gens que par un eſprit de vengeance, ont dit mal. Il ſuffit de connoître le cœur humain pour être perſuadé du contraire. Lorſqu'un courtiſan brigue la faveur d'un Roi, il peut ſe ſervir de ce moyen pour détruire les vues & les deſſeins de ceux qui s'y oppoſent : mais lorſqu'il y eſt parvenu, & qu'il jouit de toute ſa confiance, la vengeance lui devient inutile ; ſouvent même elle peut lui être nuiſible.

C'eſt une mauvaiſe politique d'irriter tous les Grands d'un Royaume par des actes de ſévérité, ſans autre deſſein que de ſatisfaire ſon reſſentiment particulier. Un Miniſtre habile ſe gardera d'employer ce reſſort, qui eſt toujours mauvais par lui-même, lorſqu'il eſt parvenu au faîte des grandeurs : le ſeul moyen qui lui reſte eſt de ſe faire aimer, au lieu de ſe faire craindre. Il y a toujours à gagner de s'attirer l'amitié des hommes, au lieu de s'en aliéner les cœurs. Si un Ministre n'est pas humain par tempérament, il doit l'être par politique. Il est si aisé d'être modéré, lorsque la fortune nous élève au-dessus de tous les autres, que ce n'est pas la peine alors de se passer de cette vertu.

Voici d'autres réflexions. La cruauté est une passion de l'ame qui exerce sa fureur sur tout ce qui l'environne : parens, alliés, amis, tous en ressentent les effets. Le domestique du Ministre cruel, sur-tout, est le premier qui en souffre.

Il y a aujourd'hui tout plein de gens à Lisbonne, qui ont connu personnellement ce Marquis ; les uns l'ont suivi, les autres l'ont servi. Il y en a qui ont vécu long-temps avec lui, ils peuvent rendre ce témoignage de son caractère ; *qu'il n'en fut jamais de plus modéré.* Or, il est difficile d'être cruel à la cour, & humain à la ville.

Ce qui fait que l'on condamne les Ministres, c'est qu'on n'est pas à portée de connoître les causes qui le font agir ; &

qu'on les juge prefque toujours fur des apparences le plus fouvent trompeufes, ou au moins douteufes.

Ceux qui ont fuivi de près les différens périodes de fon Adminiftration, favent qu'il ne fe montra auftère & rigoureux qu'après l'affaffinat du Roi, & la Sentence rendue contre les coupables.

Quelle eft donc la caufe de cette févérité qui porta ce Miniftre à faire arrêter tant de Grands? la voici: auffi eft-il temps de déchirer le voile qui la couvre, pour la faire paffer à la poftérité. Séparée des préjugés, qui, jufqu'ici, l'ont cachée aux yeux de l'Univers; c'eft dans la conjuration elle-même qu'il faut chercher leur détention. Quoiqu'on eût puni de mort les grands criminels de lèze-Majefté, ce crime avoit laiffé derrière lui de longues traces. Lorfque les principaux chefs fûrent arrêtés, on faifit leurs papiers. Ceci découvrit un grand nombre de coupables qu'on ne connoiffoit pas, & qui, s'étant tenus cachés derrière le procès qu'on fit aux affaffins, avoient échappé à la rigueur des loix.

Un Portugais , attaché au service de ce Ministre, qui fut chargé de la lecture de ces papiers après l'exécution des criminels , nous a assuré que plusieurs contenoient des preuves convaincantes , que leurs Auteurs avoient eu part à la conjuration , comme on peut en juger par les morceaux détachés qui se trouvoient dans ceux-ci.

On lisoit ces maux dans la lettre d'un Seigneur portugais , écrite de Lisbonne au Duc d'Aveiro , qui étoit alors au-delà du Tage dans une de ses maisons de plaisance : *J'ai lu le plan que Votre Excellence m'a envoyé sur la grande affaire , il est bien concerté ; s'il est exécuté comme il est projetté , je le regarde comme immanquable.*

Dans celle d'un autre Seigneur écrite au même Duc , il s'exprimoit ainsi : *J'approuve votre dessein. Dans l'état actuel des choses, il n'y a point d'autre parti à prendre. Pour anéantir l'autorité du Roi Sébastien , il faut détruire celle du Roi Joseph.*

Un troisième lui écrivoit ainsi : *Excel-*

lence! si vous avez besoin d'un Acteur dans
la pièce nouvelle, je vous offre mes services : je suis excellent pour le grand tra-
gique : je meurs d'envie de jouer le rôle de
Brutus : mettez-moi donc aux prises avec
César.

S'il y avoit des Conjurés qui se confioient,
il y en avoit qui craignoient. Un Portugais,
qui savoit la conjuration, disoit à un de
ceux qui devoient l'exécuter : *Prenez-garde
au tigre & au lion ; si vous tombez dans
la fosse, ils vous dévoreront.*

Le même s'expliquoit ainsi dans une autre
lettre : *Je crains bien que votre conseil ne
soit trop nombreux : lorsque quinze personnes sont du secret, il cesse d'en être un.
Dans ces occasions, il suffit de trois têtes
dans un bonnet.*

Après la découverte de la conjuration,
avant qu'on arrêtât les coupables, un Seigneur écrivit ainsi au Marquis de Tavora :
*La tranquillité de cet homme m'effraie ; il
paroît n'avoir aucune inquiétude sur ce qui
vient de se passer. Je le connois assez pour*

être persuadé qu'il se prépare à une vengeance barbare. Prenez vos mesures là-des-
sus, & arrangez-vous en conséquence. Je
sais bien qu'il ne vous reste qu'un parti extrême; mais de tous les spectacles, il faut
éviter le plus infâme.

Un billet anonyme, adressé au Duc d'A-
veiro, étoit conçu ainsi : *Je donne avis à
Votre Excellence, qu'on vient d'arrêter un
de ses domestiques ; j'ignore s'il aura parlé ;
mais tout ce que je sais, c'est qu'il n'a plus
paru.*

Un autre, porté secrétement à l'ancien
Vice-Roi des Indes, s'expliquoit en ces
termes : *Je vous préviens que j'ai des avis
certains que l'Argus de la Cour a tout lu,
tout vu, tout su, concerrant la grande
affaire. Je vous conseille donc de vous adres-
ser à Dieu ; car du côté des hommes, je
crois qu'il n'y a plus de ressource.*

On sait que ceux qui connoissent la
Conjuration contre le Roi, & qui ne la
déclarent pas, sont coupables du crime
de lèze-Majesté au premier Chef, comme

les affaffins qui l'exécutent : ainfi, c'étoit en
quelque façon une forte d'humanité , que
de condamner à la prifon des coupables
que le Roi condamnoit à la mort : c'eft ce
que perfonne n'a dit , & qu'aucun faifeur
d'Annales n'a publié : c'eft que cet endroit
de l'Adminiftration du Miniftre a été fecret , & qu'aucun Auteur particulier n'a
cherché à le pénétrer.

CHAPITRE VI.

Prétexte imaginé pour justifier les coupables.

DE toutes les conjurations qui, dans nos temps modernes, ont attenté sur la vie des Rois, on n'en connoît aucune dont les preuves aient été aussi convaincantes que celles du Portugal. Les conjurés allèrent au-devant de leur Jugement, & si l'on peut s'exprimer ainsi, dictèrent eux-mêmes leur Sentence. Les uns avouèrent leur crime dans les tourmens : les autres le confessèrent par les remords qui naissent ordinairement à l'approche de la mort. Tous furent convaincus avant que de monter sur l'échafaud.

Le Gouvernement de son côté, pour n'avoir rien à se reprocher, créa un Parlement, dont les Membres furent tirés des différens Tribunaux, tout exprès pour juger cette grande affaire, où il s'agissoit de la vie de plusieurs Grands du Royaume, & de l'honneur des premières Maisons de l'Etat : & afin qu'elle fût décidée avec cette justice intègre, qui n'admet aucune particularité, Joseph Ier établit un second Tribunal, dont les fonctions se réduisoient à recevoir toutes les déclarations, & tous les actes favorables qui pouvoient servir à justifier les accusés. On ne trouve aucun trait de clémence dans les annales des Rois échappés à la mort par une conjuration, qui approche de celui-ci. Il ne se trouva personne dans ce second, qui se présentât pour les disculper ; au lieu que dans le premier, des témoins déposèrent juridiquement contre les conjurés. Cependant il s'est trouvé des gens assez mal intentionnés pour mettre en doute un procès avéré par des faits. Les délits les plus énormes sont moins odieux que le mensonge qu'on emploie pour les justifier. Il n'y a rien de si horrible dans la nature, que de chercher à couvrir du voile de l'innocence des

crimes qui la déshonorent. Des coupables
punis font l'image de la juftice divine, qui
veut que la peine foit la fuite du délit.
Renverfer cette loi, c'eft changer l'ordre
de la fociété, c'eft s'en prendre à la fois
au Ciel & à la terre.

On a dit, & on a écrit dans plufieurs
Livres, que la conjuration n'avoit jamais
exifté ; qu'elle n'étoit qu'un nom, que l'ambition de ce Miniftre avoit donné à un crime
idéal, pour acquérir la faveur du Roi,
& fe défaire de ceux qui pouvoient s'oppofer à fes vues & à fes deffeins. Pour fe
convaincre de la fauffeté de cette imputation, il fuffit de faire l'analyfe du cœur
humain. La méchanceté qui porte l'homme
à la fcélératefse n'eft point ifolée ; elle tient
à d'autres forfaits qui font liés les uns aux
autres. Nul ne fut un grand fcélérat du
premier coup : il faut que fon ame fe roi-
diffe contre les vices, qu'il fe défaffe
d'une foule de préjugés attachés à fon éducation, fur-tout qu'il ait commis plufieurs
crimes, avant que de commettre un grand

crime. C'est la marche ordinaire du cœur humain de tous les âges, de tous les siécles, & de toutes les générations. Avant l'époque de la conjuration, on n'avoit point remarqué dans le Marquis de Pombal aucun indice d'une ame atroce. Il avoit de l'ambition ; mais elle n'étoit point réfléchie sur des crimes qui font frémir.

D'ailleurs, il n'est point vrai qu'aucun des conjurés pût lui barrer le chemin qui devoit le conduire à la faveur du Monarque, il en étoit déjà en possession. Ceux qui ont suivi de près les annales du Portugal, savent que ce Ministre, avant la conjuration, avoit la clef du cabinet, & présidoit au Conseil suprême. Les services qu'il avoit rendus à l'Etat par une suite de Réglemens utiles ; les peines, les travaux, & les soins qu'il s'étoit donnés pendant les tremblemens de terre, la lui assuroient inviolablement.

Voici d'autres réflexions. Un homme d'Etat qui veut parvenir à l'Administration suprême, peut prendre l'alarme, lorsque ceux qui font autour du Trône font efti-més particulièrement du Prince, foit par leurs talens, leur mérite, ou des fervices rendus à la Couronne; mais ce n'étoit point là le cas du Miniftre. Alexandre-Gufman, qui auroit pu feul lui difputer la gloire de gouverner l'Etat, n'étoit plus. La mort avoit arraché d'auprès du Trône l'unique émule qu'il pouvoit craindre.

A l'égard des conjurés, il étoit en fû-reté de leur côté. Le Duc d'Aveiro ne jouiffoit d'aucune confidération à la Cour, ni d'aucune eftime à la Ville, quoiqu'en général on ne le prît pas pour un lâche affaffin, peu de gens à Lisbonne penfoient qu'il fût honnête homme : on vient de voir fon caractère. Il n'avoit paffé par aucun grade, par aucun travail qui pût le faire parvenir à l'Adminiftration des affaires. Le Marquis de Tavora, comme on vient de le voir auffi, étoit un vieillard fans vues, fans deffeins, plus honnête qu'intrigant; le refte de la conjuration étoit compofé de jeunes gens, ou de domeftiques, dont il n'avoit rien à craindre..

Le Ministre n'avoit donc aucune raison pour supposer une conjuration contre la vie du Roi, & encore moins de faire mourir les chefs des premières familles du Royaume, qui étoient hors d'état de lui nuire. Lorsqu'on veut connoître le fond de cette affaire, il faut partir de ce principe. Mais comme il eût été très-grossier de nier totalement une conjuration, on en a supposé une, dans laquelle on a imaginé une fable qui prouve, ou qui cherche à prouver que ce n'étoit point à la vie du Roi qu'on en vouloit, mais à celle d'un de ses domestiques. La voici telle qu'elle est rapportée dans l'Auteur des Mémoires.

« Parmi les Officiers attachés au service » du Palais, dit cet homme, il y en avoit » un que le Roi distinguoit de tous les au- » tres, pour qui il avoit un véritable atta- » chement. Cet Officier, nommé Pierre » Texeira, savoit si bien se prêter aux de- » sirs de son Maître, qu'il étoit parvenu » peu à peu à en être traité moins en sujet

» qu'en ami. Il avoit obtenu toute sa con-
» fiance ; mais Joseph Ier s'en servoit sur-
» tout pour quelques commissions qui exi-
» geoient autant de mystère que de fidélité.
» Confident des amours de ce Prince,
» c'étoit lui qui l'accompagnoit dans son
» carrosse, toutes les fois qu'il sortoit la
» nuit pour aller voir en secret ses maî-
» tresses. Une faveur aussi déclarée, une
» prédilection si marquée de la part du Mo-
» narque, avoient inspiré à Texeira un or-
» gueil insupportable. Le Duc d'Aveiro,
» Grand-Maître de la Maison du Roi, &
» qui, en cette qualité, avoit sur tous les
» domestiques du Palais une autorité très-
» étendue, donna un jour à Texeira, je ne
» sais quel ordre, qui demandoit une
» prompte exécution. Celui-ci s'en excusa
» d'assez mauvaise grace. Le Duc, natu-
» rellement haut & incapable de souffrir la
» moindre résistance, lui dit d'un ton im-
» périeux & menaçant : *Obéissez sans ré-*
» *plique. Il ne me plaît pas*, lui répondit
» l'insolent Officier. Ah ! infâme *Mercure*,

» répartit

» répartit le Duc en fureur, je sais bien
» ce qui t'enhardit à me répondre de la
» sorte. Hé bien, oui, répliqua Texeira,
» avec une impudence & une audace sans
» exemple, je ne m'en défends pas, je me
» tiens honoré de cet emploi au service du
» Roi mon maître, & je tâche d'en rem-
» plir de mon mieux les fonctions auprès
» de la Duchesse & de la fille de votre
» Excellence. Le Duc furieux de la ré-
» ponse outrageante de Texeira, porta la
» main sur son épée pour laver cette in-
» jure dans le sang de son auteur. Mais la
» réflexion du lieu où il se trouvoit, &
» du crime de lèze-Majesté dont il alloit
» se rendre coupable, à raison de cette
» circonstance, l'arrêta. il se contenta de
» dire à ce domestique téméraire : Rends
» grace, malheureux, aux murs de ce Pa-
» lais qui te dérobent dans ce moment à
» ma vengeance ; mais sois sûr que tu ne
» m'échapperas pas ». Depuis lors, ajoute
» l'Auteur fabuleux, le Duc épioit les oc-
» casions de se défaire de son ennemi, &

» cherchoit fur-tout à le joindre pendant
» la nuit, pour venir plus aifément à bout
» de fon deffein ».

De toutes les hiftoires qui ont été inventées pour juftifier un grand crime, il
n'en fut jamais de plus fauffe.

On voit par cette même fable, que le
Duc d'Aveiro avoit réfolu de perdre cet
homme, mais qu'il avoit de grandes précautions à prendre pour s'en défaire. Comment concilier cela avec cette fierté, cette
hauteur & cette arrogance qui l'avoient
porté contre lui à mettre la main fur la
garde de fon épée dans la Maifon du Roi
même. Mais quand il feroit vrai qu'il
eût quelques précautions à prendre, où
a-t-on trouvé qu'il fallût une conjuration dans les formes pour fe défaire d'un
particulier. Un homme comme Texeira
valoit-il un complot pour lequel devoient
s'affembler & délibérer les premiers de
l'Etat, & falloit-il choifir une nuit pour
tirer fur une chaife du Roi, fans autre
deffein que de tuer fon domeftique. Sait-

on ce qu'on fait, lorſqu'on tire ſur une voiture roulante ? Ne peut-on pas tuer le maître au lieu du valet ? Une preuve qu'on vouloit tuer le Roi, c'eſt qu'on le bleſſa, & on ne le bleſſa, que parce qu'on ſavoit la place qu'il occupoit dans la chaiſe. Pour réſumer, falloit-il tant de précautions pour ſe venger d'un particulier, ſur-tout dans un Royaume où un Seigneur n'a qu'à dire le matin au moindre de ſes vaſſaux, qu'il veut faire mourir un homme, pour qu'il ſoit mort le ſoir ? Lorſqu'on publie un men-ſonge, il faut qu'il ait l'apparence de vé-rité, ſans quoi, faute de lui faire perdre ſon caractère, il reſte menſonge.

Voici un autre prétexte, ou, pour mieux dire, une ſeconde imputation. Pour diſ-culper les coupables, on charge le Mi-niſtre. On a dit qu'il s'étoit trop mêlé de l'affaire de la conjuration ; que ce pro-cès étoit plus du reſſort de la Juſtice diſ-tributive que du Gouvernement politique; que le Conſeil du Prince eſt d'un ordre diſtinct de celui qui repréſente les loix;

encore ici on a dit mal. Par la conftitu-
tion monarchique, le Roi eft la loi lui-
même; c'eft le centre où aboutiffent toutes
les lignes de la Juftice; il peut évoquer
à fon Confeil particulier toutes fortes d'affaires, tant civiles que criminelles. Or, s'il
a ce droit, il a celui de les communiquer
à fon Miniftre, qui, fans être Juge lui-
même, peut établir un Tribunal de Juftice extraordinaire, fur-tout lorfqu'il s'agit
d'un crime de lèze - Majefté au premier
Chef.

Ceux qui connoiffent la lenteur des
Tribunaux ordinaires, favent que ce
font des corps inanimés qui reftent fans
action jufqu'à ce que quelqu'accufation
générale ou particulière vienne les mettre
en mouvement. Sans celle - ci, ils reftent
immobiles au milieu des délits qui fe commettent. C'eft l'affaire d'un Procureur-Gé-
néral, l'homme du Roi, le vengeur public
des crimes, mais qui ne les venge pas
toujours. A peine le Miniftre eft-il informé
de l'affaffinat, qu'il devient l'homme du

Roi ; il remplit la place de cet Officier, il fait des perquisitions secrettes, il s'in-forme, il agit, il fouille dans les replis les plus cachés de ce crime ; &, lorsqu'il a assez de convictions, il fait arrêter les cou-pables, & érige un Tribunal pour les juger. Il tire ses Membres des différens Corps judiciaires avec trois Nobles qui doivent y présider. C'est ici que la calomnie arrive à son comble. On a dit qu'il avoit composé ce Tribunal de ses créatures, qui, dévouées à ses ordres, devoient juger les accusés, comme il le leur ordonneroit, ou, ce qui est le même, qu'il avoit corrompu tous les Juges ; chose impossible dans l'ordre naturel des procédures, & plus encore par la dispo-sition qui se trouvoit alors dans les esprits des Portugais.

Règle générale, les Ministres n'ont point d'amis. Plus ils se font aimer du Prince, & moins on les aime. Il suffit qu'un Roi dis-tingue un particulier, qu'il l'approche du Trône, qu'il l'honore de sa confiance, qu'il en fasse son confident, pour qu'il soit envié ;

c'est-à-dire, haï, son crime est dans sa faveur, ceux mêmes qui tiennent tout de lui
sont les premiers à le desservir ; voilà
l'homme : les obligations blessent son amour-
propre ; celui qui reçoit est trop humilié
pour être reconnoissant ; c'est le bienfait
lui-même qui le rend ingrat. Le Ministre
se seroit perdu lui - même, s"il avoit conçu
le dessein de corrompre un Tribunal entier de Juges , pour rendre coupables tant
d'innocens. Le crime de l'injustice eût
percé de toutes parts , & fût arrivé jusqu'au Trône. On sait au contraire que
plusieurs de ceux qui formoient ce Tribunal , ne voulurent donner leur jugement
qu'après un mûr examen du délit. On peut
citer un de ces Magistrats , nommé *Ba-
cailliau.*

CHAPITRE III.

*Nouveaux soupçons d'un second crime
de lèze-Majesté.*

Les conjurations contre la vie des Rois,
font comme ces grands phénomènes qui
laissent après eux des traces de leur première fureur. Ce crime, à la différence des
autres crimes, s'irrite par le remède même
qu'on emploie pour le guérir. L'exécution
des coupables, qui devroit l'éteindre, ne
sert souvent qu'à le renouveller ; sur-tout
lorsque ceux qui l'ont commis sont des
premiers de l'Etat. Les parens voient dans
la Sentence une infamie rétroactive sur
leur famille. La vengeance s'en mêle. On
jure une haine implacable contre ceux qui
ont découvert la conjuration, & l'ont fait
punir.

Le procès des coupables suffit souvent

pour conjurer de nouveau. On voit par celui-ci que les chefs n'ont pas pris des mefures bien juftes, & qu'ils n'euffent pas manqué de réuffir, s'ils en avoient choifi de meilleurs. C'eft fur ce nouveau plan qu'on arrange fes nouvelles idées, qui paroiffent d'autant plus juftes, que c'eft pour les avoir négligées que la conjuration a manqué. Ceci mène à une réflexion bien trifte, que la méchanceté de l'homme tient à fon exiftence, puifque dans la découverte des crimes, le châtiment le plus exemplaire ne le fait point changer de caractère.

Le iniftre fut informé qu'il fe tramoit une nouvelle conjuration contre le Roi. Peut-être ne fut-ce qu'un foupçon ; car, dans ces momens d'étonnement qui fuivent une action inopinée, on donne ce nom à tout ce qui n'en a que l'apparence. Le Confeil de l'Inconfidence, ce Tribunal, qui avoit fait mourir le Duc d'Aveiro & fes complices, s'affembla pour prendre en confidération cette affaire. Plufieurs fujets furent arrêtés, parmi leſquels ſe trouvèrent des Princes, des Seigneurs, des Prélats, des Chanoines, des Moines, des Conſeſ-ſeurs, des Marchands, & autres Particu-liers qui furent envoyés en priſon; le ſujet de leur détention, & l'inſtruction de leur procès ne furent point publiés. On ne man-qua pas d'en faire un crime à Car-valho. Mais dans ces temps de cala-mité où les eſprits ſont irrités par les mal-heurs publics, tout ſert de prétexte pour accuſer d'injuſtice celui qui s'arme de glaive pour punir les criminels de lèze - Majeſté.

On a écrit dans quelques livres, que ces dernières victimes avoient été ſacrifiées à ſon ambition, parce qu'elles s'oppoſoient à ſon élévation. Mais on a mal écrit. Ce n'eſt pas connoître le cœur humain, que de l'accuſer d'une pareille ſcélérateſſe : quoi-que la paſſion de s'agrandir ſoit la plus vive de toutes les paſſions, il faut diſtin-guer les temps. Lorſque l'ambition trouve de grands obſtacles, elle fait les plus grands efforts pour les affranchir ; mais , quand elle a rempli son objet , elle devient tranquille. Dans cet état , le favori de la fortune ne pense plus qu'à jouir de son élévation. Voilà l'homme , soit à la cour , soit à la ville.

CHAPITRE IV.

Carvalho est fait Comte d'Oeyras.

Tant de soins, de peines & de travaux de la part du Ministre qui venoit de dissiper une conjuration, rassurer le Trône, rétablir la tranquillité publique, engagèrent le Roi à faire Carvalho Comte d'Oeyras. C'étoit un petit domaine qui lui appartenoit en propriété, que le Prince érigeoit en Comté. Ce n'étoit qu'un nom de plus dans sa famille. Jusques-là, cet agent de la Couronne n'avoit point eu de titre & n'en avoit brigué aucun. Celui qui pouvoit disposer de tout pour les autres, n'avoit disposé de rien pour lui : modéra-tion bien rare dans un homme d'Etat, à qui la faveur ouvroit toutes les portes de la fortune, & qui, au lieu de grandes richesses, s'est contenté d'un simple honneur. Il est vrai que le Monarque ajouta

à celui-ci une Commanderie , mais dont
le revenu étoit si peu confidérable (1),
qu'il eût à peine fuffi-pour fervir de ré-
compenfe dans un autre Etat à un premier
Commis des affaires étrangères. Ce titre,
ainfi que ce nouveau revenu, ne changerent
rien à fa première fimplicité. Il vécut comme
auparavant, en fimple particulier, fans fafte
& fans oftentation. La faveur du Roi,
qui augmentoit tous les jours , n'ajouta rien
à fon caractère. Elle n'eut d'autre effet fur
lui , que de multiplier fes occupations , &
redoubler fes travaux.

Il eft vrai qu'après l'exécution des grands
criminels qui étoient alliés aux premières
maifons du Royaume, il ne parut plus en
public, qu'au milieu d'une troupe à cheval. Cette troupe n'étoit point compofée
de Gardes-du-Corps comme celle de Ma-
zarin , Miniftre qui cherchoit à fe donner
en fpectacle par un fafte militaire peu con-

____

(1) 4500 cruzades , environ 10000 livres tournois.

forme à son état, & qui devoit rendre
compte de sa personne au Gouvernement.
Par un effet de la malignité naturelle
à l'homme, un Ministre qui fait de grandes
choses devient l'objet de la critique uni-
verselle. L'envie, cette passion basse &
honteuse qui avilit l'ame, voit toujours
avec chagrin ceux que les qualités & les
talens mettent au - dessus des hommes ordinaires. On leur pardonne tout, excepté
leur élévation : de - là vient que les plus
grands Ministres ont été les plus persécu-
tés. Cette fatalité n'est point une chose
vague ; elle est confirmée par le corps entier de l'Histoire. Le Portugal peut ici
nous servir d'exemple depuis la grande révolution qui avoit placé le Duc de Bragance sur le Trône. Ces Annales ne nous
parlent d'aucun homme d'Etat : il semble que
ce Royaume se soit gouverné de lui-même,
& qu'il n'eut point de Ministre, tant
on a fait peu mention d'eux, tant on
les a peu nommés : c'est que ceux qui

étoient à la tête des affaires, en mourant,
avoient laissé les choses dans le même état
qu'ils les avoient trouvées : mêmes mœurs,
mêmes corruptions, mêmes vices, mêmes
désordres. A peine Carvalho eut - il jetté
le plan d'une réforme générale, qu'on se
plaignit hautement de son Administration.
Il n'y eut qu'une voix sur son despotisme,
& sur l'abus qu'il faisoit de l'autorité royale.
Voilà les nations, voilà les peuples, ou,
pour mieux dire, voilà les hommes. Ils se
plaignent sans cesse d'être mal gouvernés,
& ils poussent les hauts cris lorsqu'on veut
les mieux gouverner : ils voudroient vivre
à leur aise, jouir de toutes les commodités au milieu de la corruption qui
les a fait dégénérer. Ils n'ont pas même
la justice d'ouvrir l'histoire, qui seule pourroit apprendre aux peuples, ce qui les a
rendus heureux dans un temps, & malheureux dans un autre. Les Portugais n'avoient
qu'à lire leurs Annales, pour connoître la
cause de leur grandeur & de leur déca-

dence ; ils auroient découvert dans celle-ci, que, lorfqu'ils avoient été actifs, laborieux, infatigables, ils s'étoient rendus puiffans ; & que, par les vices contraires à ces vertus, ils étoient devenus foibles & languiffans. A peine ce Miniftre eut-il voulu leur rappeller les temps glorieux de la Monarchie ; il n'eft point de perfécutions, pendant fon Adminiftration & après fon Miniftère, qu'il n'effuya. On alla plus loin. Après la mort du Roi, on lui fit fon procès. On condamna à mort celui qui, pendant vingt-cinq ans, s'étoit occupé des foins de rendre la vie à fa patrie. O hommes ! ferez-vous toujours ingrats ? ferez-vous toujours injuftes ? quoi ! poufferez-vous toujours l'ignorance, ou, pour mieux dire, la perfidie jufqu'à vouloir flétrir la mémoire de ceux qui cherchent à vous rendre heureux ? Eh bien, pour vous punir de votre fcélérateffe, vous vivrez dans les horreurs de la corruption, du vice, du trouble & de la confufion, jufqu'à ce qu'une

révolution générale vous ait appris que le
souverain bien est dans la sagesse du Gouvernement ; & que cette sagesse est dans les
mains de celui qui dirige l'Empire, comme
la conduite d'un vaisseau est dans celles du
Pilote qui le gouverne.

CHAPITRE

CHAPITRE V.

Rétablissement de la Ville de Lisbonne.

JE supplie qu'on me permette d'ouvrir ce Chapitre par une réflexion préliminaire sur les Capitales. Si la magnificence & la splendeur des métropoles ne servoient qu'à donner une idée de la grandeur & de la richesse des Etats, il faudroit les restreindre dans des bornes plus étroites que celles qu'on leur a données dans nos temps modernes, sur-tout, si on vouloit éviter la corruption des citoyens. Règle générale ; plus on rassemble d'hommes dans un même lieu, & plus on irrite leurs desirs. Les mœurs sont toujours corrompues dans la proportion de la grandeur de la ville & du nombre de ses habitans.

Ce vice local est indépendant des temps, des âges & des générations. Pour se convaincre de cette vérité, il suffit d'ouvrir les Annales du monde. Tandis qu'Athènes resta une pauvre petite ville, elle conserva son innocence, & elle né dégénéra qu'après qu'elle se fut agrandie.

Jamais Rome ne fut plus digne d'admiration, que lorsque quelques cabanes de Pasteurs formoient sa ville. Mais, dès qu'elle devint une Capitale, & une Capitale immense, elle se donna en spectacle à l'Univers par des crimes énormes.

Constantinople éprouva le même sort, lorsqu'elle fut devenue la seconde Métropole de l'Univers; & ceci est remarquable; car comme les hommes ont eu dans tous les temps les mêmes passions, les occasions qui produisent les grands changemens, sont différens, mais les causes sont toujours les mêmes.

Cette corruption des Capitales des anciens a passé jusqu'à nous. Paris & Londres sont deux grands cloaques remplis d'ordures. Il n'est pas aisé de supputer les vices qui régnent dans une société où un homme est un spectacle pour un autre, où chacun cherche à prendre la condition de celui qui le précède , où tous les individus, voulant paroître ce qu'ils ne font pas , font obligés de fe montrer différens de ce qu'ils font , où la claffe la plus indigente cherche à imiter la plus opulente , & veut avoir comme elle des trains , des équipages, des maîtreffes , des chiens , des chevaux.

Lorfque Pierre Ier vint à Paris au commencement de ce fiècle , il en examina l'enfemble avec cette réflexion profonde d'un grand homme. Il calcula tout , il pefa tout, il vit tout , & fe trouva par - tout. Après qu'il eut examiné les mœurs de la cour & de la ville , & démêlé les intrigues de l'une & de l'autre , il mit le prix à chaque chofe , non pas felon l'eftime qu'en avoient les François , mais felon ce qu'elles valoient. Lorfqu'il fut prêt à partir, un courtifan de Louis XIV , qui avoit vieilli dans la corruption des mœurs de fon fiècle , lui ayant demandé comment il trouvoit cette Capitale : admirable , lui répondit ce Prince; elle a des établiffemens frappés au

coin du grand , qui feroient honneur au
règne d'Auguſte : mais , ſi j'en étois le
maître , j'y mettrois le feu aux quatre coins ,
pour éteindre dans les flammes une corruption univerſelle , qui ne peut finir que par
un incendie général. Ce portrait laconique
rend mieux la dépravation des mœurs de
cette ville , que tous les verbiages du
Tableau de Paris (1).

En Angleterre , les bons citoyens habitent la campagne , & les intrigans la
ville. Chacun cherche à Londres à s'enrichir , & à faire ce qu'on appelle *fortune*.
Ce deſir eſt ſi grand , qu'il occupe toute la
capacité de l'ame , & ne laiſſe pas le choix
des moyens : & , comme les plus malhon-
nêtes ſont les plus courts pour arriver au
but qu'on ſe propoſe , on leur donne la
préférence ſur ceux qui portent un caractère de droiture & d'équité.

Au Sénat , on eſt royaliſte ou républicain , dans la proportion de la ſomme

______

(1) Livre nouveau qui a paru ſous ce titre.

qu'on retire , pour être l'un ou l'autre.
Les vertus citoyennes fe vendent à l'en-
chère comme une marchandife dont on
cherche à tirer le meilleur parti poffible.
Les Démofthènes Bretons ne parlent avec
force & énergie en Parlement , que pour
obtenir des places lucratives qui les enrichiffent. Il ne s'agit pas de la chofe , il eft
queftion de l'utilité qu'elle procure. Il y a un
tarif en efpèces au cours pour les qualités
qui font parvenir au rang de grand Citoyen ;
c'eft de la mefure de la fomme que dépend celle-ci. Trahir la patrie , manquer
à fa parole , oublier fes engagemens , devenir ingrat & perfide , cela s'appelle à
Londres changer de parti.

Quelle Religion , quelle morale peut-
on trouver dans une Ville où on ne parle
qu'argent , où l'on ne s'occupe que d'argent , où l'on n'agit que pour avoir de l'argent , où l'on n'eft eftimé que parce que
l'on a de l'argent ?

Dans une Monarchie , la Capitale feule
eft plus corrompue que tout le Royaume.

Pour se convaincre de cette vérité, il
suffit de fixer ses regards sur les individus
qui occupent chaque portion du domaine.
Les campagnes, les villages, les provinces, les hameaux sont habités en général
par des colons, des laboureurs, des paysans,
des manœuvres, des bergers, des ména-
gers, des fermiers, qui font valoir les terres.
Les Capitales sont remplies de Financiers,
de Capitalistes, de Rentiers, de Commis,
d'Ecrivains, de Chanteurs, de Danseurs,
de Comédiens, de Cuisiniers, de Valets-
de-chambre, de Valets de pied, de Laquais, d'Ecuyers, de Cochers, de Trai-
teurs, d'Aubergistes, de Marchands de
vin, de Cabaretiers, d'étrangers, d'intri-
gants, de fripons, de voleurs, d'Huissiers,
de Sergents, de Records, &c. &c. tous
gens qui vivent aux dépens de ceux qui
font valoir les terres de la campagne,
dont le travail augmente dans la proportion du nombre de ceux-ci, nombre qui
s'accroît tous les jours.

Pour prouver que la corruption de la Capitale eſt plus conſidérable que celle du reſte d Royaume, il ſuffit d'une ſimple expérience. On ſait que la population de Paris eſt d'environ neuf cents mille ames. Qu'on choiſiſſe cent villages qui contiennent ſéparément le même nombre d'hommes ; qu'on ôte les déſordres qui s'y commettent, c'eſt-à-dire, les injuſtices, les fraudes, les vols, les morts, les aſſaſſinats, on trouvera qu'il ſe commet plus de crimes à Paris dans un jour, qu'il ne s'en commet dans ces cent villages de la France dans un an. Les vices relatifs des deux ſociétés ſont donc la proportion d'un à 365 : c'eſt donc le même nombre d'hommes aſſemblés dans un même lieu, qui ouvre la porte aux différentes corruptions, & qui fait qu'il y a beaucoup de crimes, parce que beaucoup de gens ſe rendent criminels.

Si les Rois venoient une fois à reconnoître cette vérité, & il ne tient qu'à eux de s'en convaincre, bien loin de permettre, comme ils le font, d'étendre les limites de leurs Capitales, on les réduiroit à de justes limites. On sait que Paris & Londres (pour ne parler que de celles-ci) n'en ont point, & que par un vice local, dont personne ne prévoit les inconvéniens, on ajoute toujours de nouvelles villes à l'ancienne ville, ce qui n'a d'autre effet que d'augmenter le trouble & la confusion dans ces deux Royaumes.

Par vne seconde fatalité, qu'on ne sauroit trop déplorer, la plupart des établissemens des grandes villes sont marqués au coin de l'oisiveté. Il se lève tous les matins dans Paris cinquante mille personnes, tout exprès pour aller habiter dans des réduits, qu'on nomme *Cafés*, où ils font leur résidence ordinaire. Après avoir humé d'une liqueur noire, ils passent leur vie à pousser des morceaux d'os de figure ronde dans de petits quarrés qui sont les uns auprès des autres sur une table, ou à faire mouvoir, dans le même espace, de petites figures d'ébene, où la marche & contremarche fixe autant leur attention, que s'il s'agiſſoit d'une affaire d'Etat : & en effet, c'en eſt une pour des gens qui ne s'occupent que de cela & ne s'appliquent qu'à cela.

Après ceci, on voit autant de promeneurs de profeſſion, qui ſe font un métier d'arpenter les Jardins publics. Il faut bien que ces diſſipations ne diſſipent point, puiſqu'on voit peint ſur leur viſage l'ennui mortel qu'ils promènent avec eux. Ils ſortent nonchalamment des Tuileries pour ſe traîner péſamment au Jardin du Palais-Royal, où ils achèvent leur glorieuſe journée. Quoique ces promeneurs de profeſſion paſſent leur vie ſans rien faire, il ne faut pas croire qu'ils meurent ſans avoir rien fait. Après cinquante ans d'une vie ambulante, ils finiſſent leurs jours à la ſuite d'un voyage de ſoixante mille lieues, dans un terrein de quelques toiſes de circuit.

Mais ceux qui veulent s'occuper d'objets plus grands & plus nobles, paſſent tous les jours régulièrement quatre heures au Théâtre en qualité de ſpectateurs à l'Ecole du monde, où ils apprennent toute autre chofe que le monde ; car on a remarqué qu'un homme qui a paffé quarante ans dans le Parterre de l'Opéra ou de la Comédie, eft un être ifolé, qui n'a ni connoiffance ni favoir.

Cependant les goûts, les amufemens des jardins, des fpectaclas, attirent de toutes parts dans la Capitale la grande & la petite Nobleffe, ainfi que les gens riches, pour y profiter de ce qu'on appelle les agrémens de la grande fociété. Un Gentilhomme campagnard vit plus dans un jour à Paris qu'il ne vit en un mois dans fa Province. Il vit pour cette foule d'amufemens & plaifirs, qui ceffent d'en être lorfqu'ils font trop fréquens.

De cet engorgement de peuple dans un même lieu, fuit la diminution des hommes. On fait, par une expérience connue, que ce font les campagnes qui peuplent les Capitales ; ce font celles-là qui fuppléent à ces mortalités continuelles dont le genre de vie, auffi forcé que peu naturel, remplit les tombeaux. A chaque luſtre, il ſort des recrues conſidérables des villes ſubalternes pour ſuppléer à la dépopulation continuelle qui ſe fait dans Paris. Il y auroit bien des choſes à dire ſur cette économie locale des hommes, mais il ne faut pas toujours épuiſer un ſujet.

Le Comte d'Oeyras, en rétabliſſant Lisbonne, cherche moins à conſtruire une Capitale ſuperbe qu'une ville commode, où la conſtruction des maiſons mette à l'avenir les habitans à l'abri des tremblemens de terre, où les rues, tirées au cordeau, facilitent la marche des citoyens, & où leur largeur les garantiſſe des infections de l'air, & des mauvaiſes odeurs inévitables dans une ville privée de conduits. En un mot, une ville eſt faite pour les hommes, & non pas les hommes faits pour la ville.

CHAPITRE VI.

Moyen qu'employa le Ministre pour rétablir Lisbonne.

L'AFFREUX phénomène qui venoit de détruire la Capitale, avoit englouti le numéraire : il n'y avoit plus de tréfor royal. Il falloit pourtant avoir les moyens de rebâtir Lisbonne. Carvalho engagea le Roi d'impofer un droit de quatre pour cent fur toutes les marchandifes étrangères. Dans le temps de profpérité, c'eft à l'Etat à fournir aux dépenfes publiques : dans celui d'adverfité, c'eft aux nations qui tirent avantage de fon commerce, d'en faire les frais. Il eft bien jufte que ceux qui s'enrichiffent aux dépens d'un Gouvernement, participent à fes viciffitudes. De toutes les taxes, celle-ci eft la plus légitime.

Le Miniftre d'Angleterre (c'étoit M. de Caftro) ne fut pas plutôt informé de

ce nouvel impôt , comme il l'appelloit ,
qu'il en témoigna fa furprife & fon étonnement. Il s'en plaignit au Miniftre , lui
repréfentant vivement , que c'étoit enfrein-
dre les anciens Traités, comme s'il n'y avoit
pas de calamités publiques qui l'emportent
fur les engagemens les plus facrés. C'eft
alors qu'on doit oublier les traités paffés ,
pour ne fe fouvenir que des maux préfens.

Si la politique étoit fondée fur l'humanité , elle prendroit ce caractère compa-
tiffant , qui tend à rétablir la fociété qu'un
incident imprévu a renverfée.

Tous les autres Miniftres fe joignirent à
celui de la Grande-Bretagne, pour empêcher
que cette nouvelle taxe ne paſſât. Chacun
craignoit qu'elle ne portât atteinte à la ma-
nutention de la Couronne dont il étoit le repréfentant. C'eft un des grands inconvéniens
de la main-d'œuvre , que cette fufpenfion
qui fe trouve dans les arts méchaniques.
De-là vient que tous les Etats d'induftrie
font fubordonnés à des révolutions indé-
pendantes des loix de la politique : c'eft ce

que les grands Promoteurs des Arts n'ont
pas prévu. Peut-être viendra-t-il un jour,
où les Gouvernemens verront clair dans
cette première branche de l'Adminiſtration, & que chaque Etat, uniquement
occupé de ſes beſoins perſonnels, ſe li-
vrera moins à ceux des autres. Si ce jour
arrive jamais, il ſera un des plus heureux
de l'Europe. Il y aura moins de batailles. La
plupart des guerres qui naiſſent de cette
économie, qui engage les Nations in-
duſtrieuſes de porter aux uns ce qui manque aux autres, feront éteintes.

Cependant les plaintes des Agens des
Couronnes étrangères furent inutiles. Carvalho ſe contenta de répondre en termes
généraux : *Que le Roi ne manqueroit pas*
de prendre en conſidération un objet de
cette importance, dès 'qu'il auroit à cet
égard les inſtruĉions néceſſaires. C'eſt-là
le ſtyle ordinaire dont ſe ſervent les Miniſtres, lorſqu'ils ne veulent pas accorder
ce qu'on leur demande. Chacun écrit à ſa
Cour cette réponſe ; & les choſes reſtent

dàns l'état où elles étoient auparavant. C'eſt ce que les Agens des Couronnes appellent des dépêches; & ces dépêches paſſent pour de la politique.

Mais une économie imprévue cauſa de nouvelles alarmes à l'Angleterre. Lors du grand phénomène, preſque toutes les marchandiſes étrangères avoient péri par le tremblement, l'eau & le feu. Pluſieurs milliers d'habitans manquoient d'habits pour l'hiver. L'Etat étant dépourvu de draps étrangers, on s'habilla d'une étoffe de laine non teinte, qui ſe fabriquoit dans le pays. Joſeph lui-même parut en public vêtu de cette étoffe groſſière, qui ſe vendoit à vil prix. Rien n'encourage plus les hommes que l'exemple des Rois. Toutes les claſſes ſe montrèrent habillées de cette étoffe. La Nobleſſe ſur-tout, qui affecte de ſuivre les uſages de la Cour, ne fut pas habillée autrement. Quelques calculateurs de ce temps-là ont ſupputé que cette économie nationale avoit formé une épargne de pluſieurs millions de cruzades. On voit par-là qu'un phénomène , qui appauvrit la nation , peut servir lui-même à l'enrichir. Il est clair que, si le Portugal eût suivi les mêmes principes pour tous les autres objets de son commerce, il eût réparé toutes ses pertes , & fût parvenu à l'opulence par le chemin même que les Administrations précédentes l'avoient conduite à la pauvreté.

Fin du Tome II.

TABLE

TABLE

DES LIVRES
ET DES CHAPITRES
Contenus dans ce Volume.

LIVRE V.

Tome II. N

LIVRE VI.

LIVRE VII.

Fin de la Table des Livres & Chapitres.

PIECES

PIECES

JUSTIFICATIVES.

INSTRUCTION

*Que Sa Majeſté Très-fidelle a fait expé-
dier à Dom François d'Almada ſon
Miniſtre Plénipotentiaire en Cour de
Rome, au ſujet des crimes dont les Jéſuites ſe ſont rendus coupables dans ce
Royaume & dans le Bréſil, pour en
rendre compte à Sa Sainteté le Pape
Benoît XIV, avec le Précis des attentats que ces Religieux ont commis dans
le Nord & dans le Sud de l'Amérique
Portugaiſe.*

Du 8 Octobre 1757.

Il y a long-temps que Votre Excellence eſt
inſtruite des intrigues ſéditieuſes que les Jéſui-

Nota. Nous prévenons nos Lecteurs qu'ils ne doivent s'at-
endre à trouver ici qu'une traduction très-littérale de ces

tes de Portugal ont tramées dans cette Cour, dans celle de Rome, & dans toutes les Cours d'Europe, contre le Service du Roi notre Maître, & l'intérêt public de ce Royaume & de ſes Conquêtes. Leur méchanceté leur a fait inventer, écrire, inſinuer & publier de prétendus malheurs, des déſordres imaginaires qui n'ont jamais exiſté. Le but que ſe propoſoit leur malice étoit d'imprimer de toute part dans l'eſprit crédule du Public tout ce qu'ils ont cru le plus capable de donner une idée ſiniſtre du très religieux, très-régulier & très heureux Gouvernement de Sa Majeſté. Ils vouloient par-là faire perdre de vue les avantages inexprimables que pour la gloire immortelle de Sa Majeſté, les Sujets du Portugal & des Etats qui en dépendent, ont retirés de ce Gouvernement, & qu'ils ne ceſſent de publier avec des bénédictions infinies & des prieres pour la conſervation de la vie & de la proſpérité de leur auguſte Bienfaicteur.

Mais Votre Excellence ne peut pas encore ſavoir les vraies cauſes de ces abominables excès, parce que l'incomparable clémence de Sa Ma-

---

Pieces. Il nous a paru que la plus ſcrupuleuſe fidélité devoit en faire le principal mérite, & nous avons tout ſacrifié à cette conſidération.

jesté & son extrême dévotion pour les glorieux Saint Ignace de Loyola, & Saint François Xavier & Saint François de Borgia, ont suspendu non-seulement l'infaillible justice de Sa Majesté, mais encore les effets de la protection qu'Elle doit à ses Sujets pillés & opprimés. Sa Majesté espéroit que tant de modération pourroit opérer l'amendement de désordres si grands & si extraordinaires, sans porter atteinte à l'honneur des Enfans d'une Mere aussi sainte, & aussi vénérable que la Religion de la Compagnie.

Les détestables excès que Votre Excellence verra dans l'exacte & fidelle Relation qui sera jointe à cette Lettre, & l'incorrigible obstination dont leurs auteurs n'ont cessé de donner des marques, ayant fait perdre toute espérance de cet amendement, l'autorité Royale & la constante protection que sa Majesté doit aux Peuples que Dieu lui a confiés, l'obligent enfin à appliquer les derniers remedes à des maux aussi désespérés que ceux qui sont constatés par la même Relation.

On n'y a pas fait entrer le détail de scandales bien plus grands & bien plus horribles, qu'on n'auroit pu rapporter sans une extrême indécence, & sans blesser la pudeur de ceux

qui les auroient écrits ou qui les auroient enten-
dus. On a cru devoir ſe reſtreindre dans cette
Relation aux faits les plus publics, & dont la
notoriété eſt telle qu'il n'y a pas moyen d'en
dérober la connoiſſance, ou même de les dé-
guiſer. Il n'eſt pas plus poſſible d'en nier la
certitude que celle des faits que leur évidence
met ſous les yeux de tout le monde, & qui
de leur nature ſont inconteſtables. Encore Sa
Majeſté ne ſe voit-elle qu'à regret forcée à publier de ſi grands déſordres & l'entiere corruption des Provinces de la Compagnie dans le Portugal & le Bréſil.

Votre Excellence trouvera dans cette Relation la preuve évidente que, depuis pluſieurs
années, ces Religieux ont entiérement renoncé
à l'obéiſſance qu'ils doivent aux Bulles & Com-
mandemens des Papes, à l'obſervation des Loix
les plus néceſſaires pour la conſervation de la
paix publique de ces Royaumes, à la fidélité
due à leurs Souverains, & à la pieuſe inſtruction
de leurs Sujets. Ils ont ſacrifié toutes ces obligations chrétiennes, religieuſes, naturelles &
politiques à une ardeur aveugle, inſolente &
ſans bornes, de s'emparer des Gouvernemens
politiques & temporels, au deſir inſatiable d'acquérir & d'amaſſer des richeſſes étrangeres, &

même d'ufurper les Etats des Souverains. Rien n'a pu les détourner de ces abonimables tranf-greffions, fur-tout quand ils ont vu qu'elles pouvoient leur fervir de moyens pour parvenir à des fins fi repréhenfibles & fi contraires à leur faint Inftitut, pour lequel ces mêmes Reli-gieux ont fait voir un mépris auffi abfolu que fcandaleux.

Enfin, l'extrême corruption de ces indignes Enfans d'une Religion fi fainte en eft venue à ce point déplorable dans le Royaume de Portu-gal, & plus encore dans fes Domaines d'Ou-tre-mer, qu'il s'y eft trouvé peu de Jéfuites qui ne paruffent être plutôt des Marchands, des Soldats ou des tyrans que des Religieux.

Il n'y avoit plus moyen de diffimuler de fi grands défordres, fans courir le rifque de les rendre abfolument irrémédiables. C'eft ce qui a déterminé Sa Majefté à prendre des mefures efficaces pour prévenir la défolation entiere de fes Sujets & de fes Etats, & même la ruine totale des Provinces de cette Compagnie; ruine qui ne pouvoit manquer d'arriver, fi l'on n'y apportoit le plus prompt remede, autant qu'il dépendoit de l'autorité temporelle de Sa Ma-jefté.

Comme les Confeffeurs de cette Cour, &

leur libre entrée dans le Palais, étoient le plus
ferme appui de l'infolence & de l'audace que
ces Peres ont fait éclater, tant en Europe qu'en
Amérique, le Roi notre Maître a commencé
par ordonner à tous les Confeffeurs Jéfuites des
Princes & Princeffes du Sang Royal de fe retirer dans les Maifons de leur Ordre. A leur
place, Sa Majefté a nommé pour fon Confeffeur
le Pere Antoine de Sainte-Anne, Provincial
actuel des Capucins de Sainte-Marie de Arra-
bida, en confervant pour Confeffeur de la
Reine le P. Antoine de l'Incarnation, Vicaire-
Général des Auguftins Déchauffés, qui depuis
quelque temps occupoit cette place; & pour
Confeffeur de la Princeffe Héréditaire & de
Mefdames les Infantes, Sa Majefté a nommé
le Pere Jofeph Pereira de Sainte-Anne, Provincial actuel des Carmes; S. A. R. l'Infant
Dom Pedre a choifi pour fon Confeffeur celui
du Roi; S. A. R. l'Infant Dom Antoine
a pris pour le fien le P. Antoine de Sainte-
Marie-des-Anges, Ex-Provincial des Fran-
cifcains de la Province de Portugal; & S.
A. R. l'Infant Dom Emmanuel, le P. Valere
du Saint-Sacrement, Capucin de la Province
de Saint Antoine.

En même-temps, le Roi a interdit au Pere

Provincial de la Compagnie & à tous ſes Religieux, l'entrée de ſon Palais juſqu'à nouvel ordre, & juſqu'à ce que S. M. fût aſſurée que ces Religieux auroient conformé leur vie & leur conduite aux obligations de leur ſaint Inſtitut. Pour parvenir à un but ſi juſte & ſi néceſſaire, Elle a auſſi ordonné qu'on mît en œuvre tous les moyens qui dépendent de ſon autorité, & du droit qu'Elle a de faire inviolablement obſerver dans ſes Royaumes & Etats, les ſaints Canons & les Conſtitutions Apoſtoliques, leſquelles défendent aux Réguliers, & encore plus aux Religieux de la Compagnie, & à tous les Miſſionnaires de s'immiſcer dans les affaires temporelles, dans la pratique du Commerce & des intérêts de la Banque; enfin, de faire obſerver avec exactitude les Concordats faits avec le Saint Siege, qui dans ce Royaume ont force de Loi & de Coutume.

Mais comme tout ce que le Roi peut faire, en ſa qualité de Prince temporel, ne peut s'étendre que ſur des choſes de la même nature, & ne ſuffit pas pour remédier aux maux ſpirituels, qui cependant ont beſoin d'un remede également prompt & efficace, lequel ne peut émaner que du Souverain Pontife & Vicaire de Notre-Seigneur Jeſus-Chriſt ſur la terre, Sa Ma-

jesté ordonne à Votre Excellence de préfenter
au Saint Pere la fidelle Relation dont j'ai parlé
ci-deffus, ainfi que tout ce qui eft contenu dans
cette Lettre ; & de fupplier en même-temps Sa
Sainteté qu'il lui plaife demettre en ufage, dans
une affaire auffi importante, les moyens les plus
efficaces & les plus propres à faire ceffer entiérement les abus, les excès & les crimes qui fe
commettent journellement dans les fufdites Provinces Régulieres, & d'obliger ceux qui les
compofent à fe conformer à leur fainte & primi-
tive obfervance ; afin qu'on y puiffe voir revivre
les exemples dignes de louange & d'imitation,
qui, depuis tant d'années fe trouvent enfévelis
fous les horreurs de fcandales fi énormes, fi
univerfels & fi publics.

Ceux qui ont caufé le plus de dommage aux
Habitans des Etats de Sa Majefté en Amérique,
auroient dû ceffer en grande partie par l'exécution de la Bulle de Sa Sainteté, du 20 Décembre 1741, inférée dans le Mandement de l'E-
vêque du Grand-Para, lequel eft joint à cette
Lettre, fous le N°. II, comme auffi par l'exécution des deux Ordonnances de Sa Majefté, co-
tées N°. III & IV. Sa Majefté les avoit fait publier à cette intention dans tout le Bréfil, efpé-
rant qu'elles feroient un moyen efficace pour

mettre fin aux abus qui ont réfulté du défaut d'exécution des décifions Pontificales & des réfolutions Royales , lorfqu'elles pouvoient déplaire aux fufdits Religieux; & bien plus encore , de ce qu'il ne fe trouvoit perfonne qui ofât donner avis d'un défordre fi préjudiciable & fi indécent. Un mal auffi grand n'avoit d'autre fource que les menaces violentes de ces Religieux, dans lefquelles ils affectoient de faire fonner bien haut le grand crédit de leur Compagnie, & de ceux de leurs Peres qui fréquentoient la Cour. On en a une preuve bien convaincante dans ces derniers temps , lorfqu'on a fu combien de Gouverneurs & de Miniftres zélés pour le Service de Dieu & de Sa Majefté ces Peres ont malheureufement ruinés par leurs finiftres artifices, quoique ces Officiers n'euffent d'autre tort que d'avoir repréfenté à la Cour des vérités qui ne plaifoient pas à ces Peres, & qui paroiffoient alors incroyables , mais qui ne font devenues que trop certaines depuis la guerre du Paraguay, la révolte du Maragnon, & tant d'autres défordres manifeftes & publiquement conftatés par la fufdite Relation, fans parler d'une infinité d'autres dont le récit fuffiroit pour former de gros volumes.

Tout ceci confidéré , Sa Majefté ordonne à Votre Excellence de demander au Saint Pere

une Audience particuliere & très-fecrete, pour
lui demander un compte exact de tout ce que
je viens de dire. Sa Majefté efpere en conféquence que la prudence paternelle & Apoftolique de Sa Sainteté n'omettra rien de ce qu'exige
une conjoncture auffi urgente, pour empêcher
qu'un Ordre qui a rendu tant de fervices à l'Eglife, ne fe perde totalement dans ce Royaume &
dans fes dépendances, par la corruption des
mœurs de fes Religieux, & par le fcandale public & général qu'ils ont donné en s'abandon-
nant à des défordres & à des abus fi étranges &
fi continuels.

Le détail qui en eft fait dans la fidelle Relation que je joins à cette Lettre, ayant pour
fondement & pour preuves des faits toujours
fubfiftans, connus non-feulement des trois Armées, mais encore de toute l'Amérique Portugaife & Efpagnole, & venant directement,
comme d'une fource pure, des lieux mêmes où
ces faits font arrivés; fans mélange d'aucun rap-
port fufpect & incertain, ne peut pas laiffer lieu
au moindre doute. C'eft pourquoi Sa Majefté
eft perfuadée que Sa Sainteté n'héfitera pas un
feul moment à prendre le parti convenable &
néceffaire qu'exigent ces mêmes excès, pour
rappeller ces Religieux aux obligations & aux

exercices de leur faint Inftitut, en les forçant à
ne plus s'ingérer dans des affaires politiques, &
dans des intérêts temporels & de commerce;
afin que, dégagés de la corruption où les a précipités leur defir effréné de gouverner les Cours,
d'acquérir des richeffes & des intérêts de commerce, de pratiquer l'ufure, de tenir la banque
& de s'enrichir de tous les biens de la terre, ils
puiffent fervir Dieu & édifier le prochain, comme de fidels imitateurs des héroïques vertus des
grands & glorieux Saint Ignace, Saint François-
Xavier & Saint François de Borgia, qui relui-
fant comme de brillans flambeaux, non-feulement dans leur Ordre, mais encore dans toute
l'Eglife Catholique, y ont laiffé les plus illuftres
exemples.

Il eft fur-tout effentiel de confiderer, avec
toute l'attention que la chofe mérite, ce que
l'Hiftoire nous apprend de la févere punition des
Templiers, dont l'Ordre fut éteint à caufe des
fcandales qu'ils avoient caufés. Il eft cependant
certain qu'on ne lit en aucun endroit que ces
Chevaliers fe foient jamais portés à des excès
auffi criminels que ceux dont les fufdits Religieux fe font rendus coupables. On ne les vit
jamais réfifter ouvertement, comme ces Peres,
aux Papes & aux Rois, & fe prévaloir d'un cré-

dit exceffif pour énerver ou directement ou indi-
rectement les Bulles des premiers & les Ordonnances des féconds. Jamais on ne leur reprocha
d'avoir formé des Républiques de Sujets au-
dedans même des Etats des Princes, pour les
faire révolter contre leurs Souverains. Jamais
ils ne porterent l'audace jufqu'à réfifter à main-
armée à tout ce qui pouvoit intéreffer les Rois
& les Peuples de leurs Etats. Jamais enfin, on
ne les accufa d'avoir afpiré à l'ufurpation de
Royaumes & d'Empires entiers. Mais les Jéfuites font coupables de tous ces excès ; tous
ces crimes entrent dans leurs projets, & ils n'auroient pas manqué de réalifer cet odieux fyftême, fi on n'avoit pas eu l'avantage de découvrir
leur plan ambitieux & clandeftin.

C'eft en effet ce qu'ils auroient exécuté par
le moyen de ces Colonies d'Indiens rebelles
& fauvages qu'ils avoient établies, & dont ils
s'efforçoient tous les jours d'augmenter le nombre dans toute cette vafte contrée qui s'étend
depuis le Maragnon jufqu'à l'Uraguay. Ils rendoient journellement plus fortes & plus peu-
plées ces nombreufes Colonies, par le commerce très-confidérable & très-animé qu'ils pratiquoient clandeftinement, à l'aide des Colleges,
des Maifons Profeffes & Réfidences qu'ils poffé-

dent dans les Capitales des deux Royaumes de Portugal & d'Espagne, dans les divers Ports de ces Royaumes & dans les pays d'Outre-mer. Déjà par tous ces moyens, ils avoient fermé en quelque sorte les deux Amériques Portugaise & Espagnole par un cordon si fort que, si on les eût laissé faire, dans dix ans il auroit été impossible de le rompre & de les chasser de ces contrées ; n'y ayant point dans toute l'Europe de Puissance capable de les forcer dans ces vastes forêts défendues par des hommes dont le nombre est presque infini, dont les Jésuites seuls connoissoient la langue & les mœurs, & dont ils ne cessent de nourrir & d'enflammer la haine implacable & irréconciliable qu'ils leur ont inspirée contre tous les Blancs qui ne sont pas de la Compagnie. Que Dieu vous ait fait en sa sainte garde.

A Bélem le 8 Octobre 1757.

Signé D. Louis d'Acunha.

A Dom François d'Almada de Mendoza.

LETTRE

INSTRUCTIVE,

A DOM FRANÇOIS D'ALMADA DE MENDOZA, Miniſtre de Sa Majeſté Très-Fidelle en Cour de Rome,

Pour l'inſtruire des nouveaux excès que les Jéſuites avoient ajoutés juſqu'à cette époque, aux crimes énormes dont ils s'é-toient dèjà rendus coupables dans les Etats d'Outre-mer de cette Monarchie, lorſque Sa Majeſté s'eſt vue obligée de faire donner avis à N. S. P. le Pape Benoît XIV, des attentats de ces Reli-gieux, par ſa premiere Lettre inſtructive du 8 Octobre 1757.

LES déſordres & les attentats que les Jéſuites ont accumulés dans le Maragnon, depuis le commencement du regne de Sa Majeſté, dans la vue de rendre impoſſible l'exécution du Traité des limites des Conquêtes, les ſoulevemens qu'ils ont excités pour cette même fin dans les Con-

trées du Paraguay & de l'Uraguay, & les trames
qu'ils ont ourdies au-dedans même de ce Royaume & jufque dans le Palais du Roi, font les
preffans motifs qui ont déterminé Sa Majefté à
faire fentir à ces Religieux fon jufte pouvoir. En
cela Sa Majefté ne fera que ce que tous les Souverains ont droit de faire, & dont ils ne peuvent même fe difpenfer, contre les Eccléfiaftiques coupables de féditions & de révoltes, même
lorfqu'elles font moins condamnables & moins
pernicieufes que celles dont les Jéfuites ont été
la caufe dans le Nord & le Midi du Bréfil, &
au-dedans de ce Royaume & de cette Cour. Le
Roi a d'autant plus de raifon de le faire, qu'il
a vu l'inutilité parfaite des premiers effets auxquels il a eu la modération de fe reftreindre,
en fe contentant de renvoyer de fa Cour les
Religieux de cette Compagnie qui en étoient
les Confeffeurs. Sa Majefté efpéroit que cette
démarche fuffiroit pour faire rentrer dans l'ordre le régime intérieur & perverti de ces Peres; qu'Elle les engageroit à mettre fin à cette
fcandaleufe obftination avec laquelle ils s'oppo-
foient à l'exécution du Traité des limites, &
qu'ils cefferoient de troubler le repos de la Cour
& des Sujets de Sa Majefté. Mais cette clémence
& modération de Sa Majefté a produit des effets

tout contraires à ceux qu'on avoit droit d'en attendre, ainsi que Votre Excellence va le voir.

2. Dès qu'ils ont été convaincus qu'il étoit
impossible de faire plier l'inflexible constance
de sa Majesté & de ses Ministres, & de les détourner du dessein de faire exécuter le Traité,
dont ils ont bien compris que l'effet seroit de
leur faire perdre l'empire qu'ils s'étoient formé
dans le centre des Etats d'Outre-mer des deux
Monarchies; dès qu'ils ont vu passer Gomez
Freire de Andrada à la tête d'une armée dans
la Province de la Plata, & François-Xavier
de Mendoza dans celle de Para, avec trois Ré-
gimens de nouvelle création, ces Peres ont entiérement perdu le jugement & tout sentiment
de Religion. Pour parvenir au but que se pro-
posoit leur méchanceté, ils se sont aussi tôt livrés
aux pratiques les plus exécrables pour calomnier
& déshonorer par des fables injurieuses le très-
heureux Gouvernement du Roi, & la fidélité de
ses Ministres. En mettant en œuvre parmi nous
les mêmes moyens qu'ils ont tant de fois employés dans plusieurs autres Cours, ils ont commis des excès qui nous ont remplis d'horreur &
d'épouvante.

3. D'une part, ils se sont appliqués à gagner
les personnes qu'ils savoient être mécontentes

du

du Gouvernement , soit parce que le Roi ne les
employoit pas à son service, soit parce qu'il leur
avoit refusé des places qu'elles n'avoient pas
méritées. Ils ont répandu de vive voix & par
écrit des impostures inouies , des mensonges,
des injures atroces contre Sa Majesté. Ils ont
cherché à noircir & à défigurer les effets admira-
bles de la sagesse & de la bonté d'un Roi, Pere
de ses Sujets , & qui ne cesse de faire respecter
& adorer, pour ainsi dire, la justice de son incomparable & très-heureux Gouvernement.

4. D'autre part , à l'aide de ces artifices Machiavéliques, ils se sont efforcés de rompre la
bonne intelligence qui régnoit entre cette Cour &
les autres , & en particulier de la brouiller avec
celle de l'Espagne , non-seulement en y répan-
dant des impostures capables d'offenser personnellement les Souverains des deux Royaumes ,
mais encore en supposant de prétendus préjudices
qui devoient résulter pour l'une & l'autre Cour
de l'exécution du Traité. Dans ce dessein , ils
insinuoient à Lisbonne que le Portugal étoit ex-
trêmement lésé dans ce Traité ; & à Madrid , que
c'étoit la Cour d'Espagne qui avoit été trompée
par celle de Portugal.

5. En même-temps , lorsqu'ils apprirent l'établissement de la Compagnie du Para, comprenant

qu'elle alloit ruiner fans reffource le gros commerce qu'ils faifoient dans ces contrées, ils pouf-
ferent leur audace exceffive jufqu'à tenter d'exciter contre cette Compagnie un foulevement
général au-dedans de la Cour de Sa Majefté : ce
qui n'auroit pas manqué d'arriver, fi le Roi ne
l'avoit fur le champ prévenu par l'exil du P.
Balleffer, qui avoit eu la témérité de faire tout
exprès un fermon d'une infolence extrême pour
ameuter le Peuple contre cet établiffement. Ce
Pere crioit comme un furieux dans fa Chaire,
que quiconque entreroit dans cette Compagnie, n'au-
roit aucune part à celle de Notre-Seigneur Jefus-Chrift.
Le Roi fut encore obligé d'exiler le P. Fonfaca,
qui, en perfonne & par d'autres émiffaires de la
Société, alloit faire de femblables déclamations
dans les maifons des Miniftres & des Particuliers, lorfqu'il fe flattoit d'y trouver de mauvai-
fes intentions, ou une ignorance dont il pouvoit abufer. A la même époque, Sa Majefté
exila ou fit arrêter les Négocians de la Compagnie dite *du Bien Commun.* Par cette démarche &
d'autres également dignes de la fageffe de Sa
Majefté, Elle confondit & rendit inutiles toutes
ces intrigues & plufieurs autres encore plus exécrables, pour lefquelles on etoit allé jufqu'à fe
fervir d'étrangers qui fe trouvoient alors dans

cette Capitale, & qui furent affez imprudens pour fe prêter à de femblables pratiques.

6. Sur ces entrefaites, arriva le tremblement de terre. Cette terrible calamité fournit aux Jéfuites un nouveau théâtre pour jouer dans une conjoncture fi trifte & fi affligeante, les rôles les plus propres à les faire parvenir à leurs fins déteftables. Jamais la méchanceté fi fertile de Nicolas Machiavel, n'inventa rien que la diabolique politique de ces Religieux ne mît alors en ufage. Ils fabriquerent des Prophéties pleines de menaces de nouveaux défaftres qui devoient être caufés par des éruptions & des déluges de feux fouterreins & des eaux de la mer. En mêmetemps, ils faifoient inférer, tant par eux que par leurs Emiffaires, dans les papiers publics qui ont cours en Europe, des Relations de nouveaux malheurs, de miferes extrêmes, d'horreurs épouvantables qu'ils difoient nous être arrivés, quoique rien de tout cela n'eût eu la moindre ombre de réalité. Ils annonçoient ces maux imaginaires comme des punitions de péchés publics & fcandaleux qui n'étoient que des fuppofitions & desi mpoftures d'autant plus criminelles, qu'ils les plaçoient dans le temps de la réforme la plus réguliere & la plus exemplaire que la Cour & le Royaume de Portugal aient

vue depuis l'époque de la fondation de cette
Monarchie. Ce n'eſt pas tout encore. Ils en vinrent juſqu'à cette incroyable audace qui n'avoit
point encore eu d'exemple, d'oſer mettre ſous
les yeux de Sa Majeſté ces écrits ſéditieux &
remplis de toutes ces impoſtures. Ils eſpéroient
par-là de jeter dans l'abattement & la conſter-
nation cette grande ame à laquelle Dieu a accordé pour notre bonheur, une ſérénité à
toute épreuve, & ſupérieure à toutes ces malignes impreſſions. A cette énorme témérité
ils ont encore ajouté celle d'abuſer de la pieuſe
affection que le Roi a toujours eue pour les
perſonnes qui portent l'habit de Capucin ; &
par ce moyen, ils ont introduit à la Cour deux
Peres Récollets que, pendant quelques années,
ils avoient logés avec eux dans leur Maiſon de
Saint-Roch, & que depuis, pour ſe les attacher
davantage, ils avoient établis dans l'Hoſpice de
Sainte-Apollonie, lorſqu'ils en chaſſerent les
Génois. Ils ſe ſont ſervis de ces Récollets comme
de leurs inſtrumens, non-ſeulement pour inſpi-
rer les frayeurs dont j'ai parlé, mais encore pour
inſinuer d'autres ſuggeſtions très-pernicieuſes,
dont la profonde ſageſſe & la pénétration de Sa
Majeſté ont heureuſement triomphé. Pour eux
(de concert avec ces Peres Récollets) ils s'é-

toient réfervé le rôle d'appuyer & de confirmer toutes les impoftures qu'ils leur avoient fait avancer, non-feulement dans l'intérieur du Palais, mais encore dans fes fanctuaires les plus impénétrables & les plus facrés. Par ces moyens, s'ils avoient pu venir à bout de vaincre la fageffe & la conftance de Sa Majefté, le Royaume auroit été expofé aux plus grands défordres ; l'autorité Royale auroit été entiérement renverfée ; & du fein d'une horrible confufion, on auroit vu s'élever l'Empire Jéfuitique felon toute l'étendue de leurs projets.

7. La découverte de ces intrigues, & la punition de ceux qui y avoient fervi d'inftrumens, ne fuffirent pas pour les arrêter. Le Roi ayant fait publier l'établiffement de la Compagnie chargée de la culture des vignes du Haut-Douro, la cabale dont la prudence de Sa Majefté avoit déjà déconcerté & fait avorter les deffeins dans fa Capitale, fe mit à ourdir de nouvelles trames dans la Ville de Porto, feconde Ville du Royaume. Les Jéfuites, à la tête de cette Cabale, y travaillerent avec ardeur à rendre odieux aux Sujets de Sa Majefté, la Perfonne du Roi, fon Gouvernement & fon fidele Miniftre, en ne ceffant de répéter les imputations & les impoftures qu'ils avoient répandues dans le Royaume

& dans les Pays Etrangers. Ils abuserent même de la simplicité du Peuple jusqu'à lui faire croire cette insigne fausseté, que *les vins qui seroient vendus par la Compagnie qui venoit d'être établie, ne vaudroient rien pour la célébration du Saint Sacrifice de la Messe.* Ils firent en même-temps extraire des Archives de la Ville la Relation du soulévement arrivé à Porto en l'année 1661, & en la mettant entre les mains de gens mal-intentionnés & encore plus mal-instruits, ils leur disoient & répandoient par toute la Ville, que si le soulévement commençoit, comme en 1661, par des femmes & des enfans, il demeureroit, comme alors, sans punition. Ils se servirent des mêmes suggestions pour animer quelques Ecclésiastiques que leur légéreté naturelle rendoit plus capables de se livrer à leurs insinuations. Par ces moyens, ils vinrent à bout d'exciter l'horrible émotion du 23 Février de l'année derniere, qui fut une fidele copie de celle de 1661, sans la moindre différence ; ce qui força enfin le Roi à faire violence à sa bonté, & lui causa l'extrême déplaisir de punir les Habitans de cette Ville ; mais avec toute la modération que pouvoit lui permettre l'indispensable nécessité de ne pas laisser sans châtiment un exemple aussi pernicieux, & de donner à ses fideles Sujets la satisfaction

qu'exigeoit naturellement un scandale & un attentat si extraordinaire dans le Royaume.

8. Rien au monde ne paroissoit plus propre
à abattre & à réprimer le téméraire orgueil de
ces Peres. Ils devoient naturellement s'affliger,
être remplis de confusion & pénétrés de regrets,
en voyant cette Ville infortunée livrée à la dis-
crétion des gens de guerre, & ses Habitans gé-
missant dans les fers, dont ils étoient redevables
à la méchanceté de ces Religieux qui les avoient
précipités dans cette calamité. Mais il arriva tout
le contraire, comme on a été obligé d'en être
convaincu par des faits qu'il est impossible de nier.

9. De tels événemens, des conjonctures si pé-
rilleuses & si délicates font voir d'une maniere
bien évidente la sagesse de la résolution si nécessaire que le Roi a prise de chasser les Confesseurs de sa Cour. C'étoit-là le moyen qui sem-
bloit le plus propre à désarmer ces Religieux, &
à leur ôter le crédit que leur donnoient les places de Confesseurs de leurs Majestés & de la Famille Royale. Ils abusoient de ce crédit jusqu'à
écraser & fouler aux pieds les Ministres & tous
les Citoyens, en ne cessant de les intimider par
leur pouvoir excessif, & l'appareil formidable
qu'ils étaloient aux yeux de tout le monde. D'où
il est arrivé, entr'autres effets pernicieux, que

pendant plufieurs années, on n'a ofé exécuter
aucun ordre du Roi qui fût capable de caufer le
moindre déplaifir à ces Peres.

10. Mais tout l'effet qu'a produit une démar-
ché fi modérée, eu égard aux motifs qui l'ont
rendue fi néceffaire, a été de porter ces Peres
à forger de nouvelles impoftures, & à répandre
les bruits les plus injurieux & les plus faux. Entr'autres calomnies, ils ont publié que *leur conduite dans le Maragnon & dans l'Uraguay a été
auffi jufte que réguliere ; qu'ils n'étoient perfécutés
que parce qu'ils travailloient de toutes leurs forces
à conferver la Foi dans ce Royaume, où, difoient-
ils, on avoit deffein d'abolir le Tribunal du Saint-
Office ;* Tribunal dont tout le monde fait que
ces Peres font les plus grands ennemis, parce
qu'ils n'ont pas pu s'en rendre les maîtres. Ils
ajoutoient que *le Roi vouloit établir en Portugal
la liberté de confcience ; qu'il penfoit à marier la
Princeffe Héréditaire avec un Prince d'une autre
Religion ; que le foulévement de Porto avoit été jufte,
& d'ailleurs de peu de conféquence, puifqu'il n'y
avoit eu que des femmes & des enfans qui y euffent
pris part ; que le châtiment terrible qui l'avoit fuivi
étoit d'une injuftice criante,* &c.

11. Le Roi étant donc convaincu par ces
nouveaux motifs, de l'indifpenfable néceffité de

désabufer ceux de fes Sujets que l'on a imbus de calomnies fi pernicieufes & fi facrileges, & de démafquer enfin ces Religieux en faifant connoître une partie des juftes raifons que *la décence peut permettre d'expofer aux yeux du Public,* & qui ont obligé Sa Majefté d'agir comme Elle a fait; Elle a ordonné l'impreffion des deux Ecrits dont Votre Excellence recevra quelques copies pour fon entiere inftruction.

12. L'un de ces Ecrits [1] contient de fimples Extraits des Lettres de Gomez Freire d'Andrada, de François-Xavier de Mendoza, & de l'Evêque de Para. Ces Extraits ont été tirés avec la plus fcrupuleufe exactitude, &, *autant que la pudeur a pu le permettre,* des Originaux authentiques qui font confignés dans la Secrétairerie d'Etat. Ils ne contiennent que des faits publics & notoires qui ont été & qui font encore de la connoiffance de tous les Habitans du Bréfil, & de tous les Portugais qui ont des correfpondances dans cette Contrée.

13. Le fecond Ecrit contient une copie de l'Original de la Sentence rendue par le Parlement de Porto, fur des procédures de 4000 rô-

---

(1) C'eft ce même Mémoire que Sa Majefté a fait préfenter au Pape pour demander la réforme de ces Religieux.

les. Le régime des Jésuites y feroit une grande
& énorme figure, si Sa Majesté n'avoit cru dès
le commencement que sa piété l'obligeoit de
supprimer, dans l'Extrait qu'Elle en a fait faire,
tout ce qui regardoit les Ecclésiastiques.

14. Il est certain que ces deux Ecrits & les
faits incontestables qui y sont contenus, ache-
veront de faire connoître les cabales & les méchancetés que ces Religieux ont pratiquées dans
ce Royaume. On y trouvera la preuve complette de toutes les impostures que ces Peres
ont publiées. Il est également certain qu'après
qu'ils ont vu qu'il ne leur étoit pas possible de
tromper le Portugal, ils ont redoublé d'efforts &
de soins pour répandre & accréditer dans les
Pays étrangers ces dangereuses calomnies, qu'ils
n'ont inventées que pour faire disparoître & nier
avec une incroyable témérité les révoltes & les
attentats dont ils ont été les auteurs dans le Paraguay & le Maragnon. Ils ont eu l'audace de
nier ce qui est de notoriété publique, ce qui s'est
passé & se passe encore sous les yeux de trois
Armées & de tout le Brésil : témérité non-moins
grande que si on nioit qu'il y eût en Europe les
Villes de Lisbonne, de Londres & de Madrid,
en présence des personnes qui n'y ont point encore été. C'est par des artifices & des menson-

ges de la même nature, qu'ils font autrefois parvenus à rendre incroyables à la Cour de Madrid,
les attentats par lefquels ils ont opprimé en Afie
Dom Philippe Pardo, Archevêque de Manilles
en Amérique, Dom Bernardin de Cardenas,
Evêque du Paraguay, & Dom Jean de Palafox
de Mendoza, Evêque de la Puebla de Los-An-
geles. Ils fe font encore fervis des mêmes moyens
pour rendre pendant fi long-temps incroyables
à la Cour de Lisbonne les plaintes multipliées
des Peuples & des Prélats du Bréfil; de maniere
que les unes n'ont jamais pu parvenir à la connoiffance du Roi Jean V, & que les autres,
qu'ils n'ont pu lui dérober, font demeurées
pendant vingt - cinq ans fans effet, ainfi que
les Décrets deftinés à y mettre ordre; & qu'enfin,
à la mort de ce Prince, les chofes fe font trouvées au même point qu'au premier jour, fans
que les ordres du Roi aient eu la moindre exécution.

15. Tel étoit le pouvoir de ces Peres dans
cette Cour; tel étoit leur crédit exceffif dans les
affaires, qu'il alloit jufqu'à l'emporter fur le refpect dû à un fi grand Roi : tel enfin a été le préjudice que ce pouvoir & ce crédit ont caufé aux
deux Monarchies, en empêchant d'ajouter foi
aux répréfentations des Prélats les plus refpec-

tables, & aux plaintes des Peuples opprimés,
quand il étoit temps de les entendre & d'y mettre ordre, avant que ces Religieux se fussent
procur en Asie & en Amérique les forces qui
animent aujourd'hui si excessivement leur témérité.

16. Sa Majesté ordonne de donner à votre Excellence connoissance de toutes ces choses, pour
en faire l'usage convenable en temps & lieux
opportuns, & désabuser par ce moyen les personnes à qui ces Religieux ont fait illusion par leurs
artifices. Que Dieu vous ait en sa sainte garde.

A Salvaterra de Magos le 10 Février 1758.

Signé, D. L O U I S D'A C U N H A.

A Dom François d'Almada de Mendoza.

TROISIEME
LETTRE

EN FORME DE BREF,

DE N. S. P. LE PAPE BENOIT XIV.

Par lesquelles, de son propre mouvement, il établit & constitue l'Eminentissime & Révérendissime François de Saldanha, Cardinal Diacre de la sainte Eglise Romaine, Visiteur & Réformateur des Clercs Réguliers de la Compagnie de Jésus, dans le Royaume de Portugal & des Algarves, & dans tous les pays des Indes Orientales & Occidentales, soumis à la domination du Roi Très-Fidelle.

BENOIT XIV. PAPE.

Notre très-cher Fils : SALUT ET BÉNÉDICTION APOSTOLIQUE.

Placés par la Providence Divine au faîte de la suprême Dignité, malgré notre insuffisance, au milieu des affaires innombrables dont nous fommes accablés dans un âge fort avancé & avec une fanté très-foible ; le devoir de la charge paftorale qui nous a été confiée, exige que nous nous occupions auffi des moyens propres à maintenir perpétuellement, avec le fecours de Dieu, les Maifons Religieufes & les perfonnes qui s'y font confacrées au Service du Seigneur, dans la paix & la tranquillité, dans l'obfervance de la vie réguliere & de la difcipline Eccléfiaftique, en réformant par notre vigilance & notre autorité Apoftolique tout ce que nous reconnoîtrons y mettre quelque obftacle, de la maniere qui nous paroîtra la plus convenable felon Dieu, eù égard à la qualité des lieux, des chofes & des perfonnes.

C'eft pourquoi Notre Très-Cher Fils en Jefus-Chrift, Jofeph, Roi de Portugal & des Algarves, nous ayant fait expofer qu'il s'étoit introduit des défordres & des abus très-confidérables dans les Provinces des Clercs Réguliers de la Compagnie de Jefus, établies dans le Portugal & dans les parties des Indes Orientales & Occidentales foumifes à fa domination ; que la connoiffance de ces abus s'étoit répandue dans prefque toutes les Nations & toutes les contrées de l'Univers, par un petit Volume imprimé qui nous a même été préfenté, ainfi qu'à nos Vénérables Freres

les Cardinaux de la Sainte Eglife Romaine ;
qu'il defire ardemment que par un effet de notre
bonté & de notre fageffe, Apoftolique, nous
voulions bien prévenir inceffamment les fcandales qui dans la fuite pourroient naître de ces
abus : pénétrés d'ailleurs d'une affection vrai-
ment paternelle pour cette Compagnie, nous ne
voyons rien de mieux à faire dans ces circonftances, que de nommer & députer, conformément
à l'inftitution & à l'ufage des Souverains Pontifes
nos prédéceffeurs, un des Cardinaux de la Sainte
Eglife Romaine, pour s'inftruire d'abord lui-
même à fond de toutes & chacune de ces affaires, & nous en rendre enfuite un compte
exact; afin qu'après un mûr examen, nous puiffions
ftatuer ce que nous jugerons être le plus convenable & le plus efficace pour remédier à ces
maux.

ACES CAUSES, de notre propre mouvement &
fcience certaine, après une mûre délibération, de
la plénitude de notre puiffance Apoftolique, ayant
dans le Seigneur une pleine confiance en votre
difcrete perfonne, dont la fidélité, la prudence,
l'intégrité, l'habileté, la vigilance & le zele pour
la Religion nous font connus, Nous vous éta-
bliffons par ces préfentes, & vous conftituons
Vifiteur Apoftolique & Réformateur des Clercs

Réguliers de la Compagnie de Jesus, dans les
Royaumes, Etats & Provinces, même des Indes,
qui sont sous la domination du Roi Très-Fidelle:
Vous donnons commission de faire une fois la
visite des Provinces desdits Clercs Réguliers
situées dans les Royaumes & Domaines dudit
Roi Joseph, étant assisté d'une ou de plusieurs
personnes d'une probité reconnue, versées dans
la connoissance des regles & usages des Religieux, que vous prendrez à votre choix ou
parmi les Prêtres Séculiers, pourvu qu'ils soient
revêtus de quelque dignité Ecclésiastique, ou
dans quelque Ordre ou Institut approuvé par le
Saint Siege: Vous autorisons à réformer tout ce
qui vous paroîtra en avoir besoin dans leurs
Maisons Professes, Noviciats, Eglises, Colléges, Hospices & Missions, & dans tous autres
lieux, de quelque nom qu'ils puissent être appel-
lés, dépendans de ladite Société & lui appar-
tenans, nonobstant toute exemption, tout privi-
lege & indult, & à étendre cette réforme sur
les personnes mêmes, tant sur le Chef que sur
les Membres, c'est à-dire, sur leurs Supérieurs,
Recteurs, Administrateurs, sur les Clercs Réguliers, & tous autres de quelque dignité, supério-
rité, état, grade & condition qu'ils soient: Voul-
lons que vous fassiez les informations les plus

exactes

exactes fur ce qui les regarde tous en général
& chacun d'eux en particulier, fur leur état,
mœurs, ufages, difcipline & fur toute leur
fuite; que vous rameniez tout à la Doc-
Evangélique & Apoftolique, aux faints
ns & aux Décrets des Conciles généraux,
Tradition des Saints Peres, à l'Inftitut de
Société, aux Conftitutions Apoftoliques,
amment au Bref *Ex debito Paftoralis officii*
in VIII notre prédéceffeur, en date du
vrier 1633, & aux Lettres en forme de
lonnées par Nous le 20 Décembre 1741,
mmencent par ces mots: *Immenfa Pafto-*
rum Principis; que, felon l'efprit de fageffe que
vous avez reçu du Seigneur, vous corrigiez,
réformiez, renouvelliez, révoquiez tout ce que,
felon les conjonctures, la qualité des chofes &
la néceffité actuelle, vous connoîtrez demander
quelque changement, correction, réforme, renou-
vellement ou révocation; que vous faffiez même,
s'il en eft befoin, de nouveaux Réglemens, &
confirmiez ceux que vous trouverez établis,
qui ne feront pas contraires aux faints Canons
& aux Décrets du Concile de Trente; que vous
fupprimiez tous abus; que vous rétabliffiez &
remettiez en vigueur par les moyens convenables & conformément à l'Inftitut de ladite So-

ciété, les Regles & Réglemens, la difcipline
Eccléfiaftique & Réguliere, & fur-tout le culte
Divin, l'obéiffance due à notre Saint-Siege, &
l'exécution des fufdites Conftitutions Apoftoliques, s'il paroiffoit qu'on s'en fût écarté : Vous
donnons tout pouvoir de punir & châtier les
délinquans, fi vous en trouvez, felon les Loix
Canoniques ; de ramener les perfonnes, même
foi-difant exemptes, à une forme de vie telle
que l'exigent le devoir & la bienféance, & à
un état conforme à ce que prefcrivent les faints
Canons & le Concile de Trente ; de faire ob-
ferver ponctuellement & fans délai tout ce que
vous aurez ftatué & ordonné, fans qu'aucun
appel puiffe en fufpendre l'exécution ; de dépo-
fer les Recteurs & autres Supérieurs des Colléges & des autres Maifons, que votre prudence
& le bien de la chofe vous feront juger devoir
être déplacés, & de les envoyer, ainfi que tous
autres Clercs Réguliers de la même Société,
d'une Maifon ou d'un College dans un autre ;
enfin, de contraindre & réduire les défobéiffans
& les rebelles, par Sentences, cenfures & peines Eccléfiaftiques, fufpenfe *à Divinis*, &
toutes autres voies convenables de droit & de
fait. Car en vertu de notredite Autorité Apoftolique, Nous vous accordons & donnons plein

pouvoir, libre & ample faculté de faire & d'exécuter tous les actes ci-deſſus exprimés & tous
autres qui vous paroîtront néceſſaires ou convenables pour réuſſir dans la viſite & réforme
dont il s'agit. Et s'il arrivoit que par quelque
cauſe légitime vous fuſſiez empêché de faire par
vous-même ladite viſite hors de la ville de Lisbonne, Nous vous permettons de commettre
toutes perſonnes Eccleſiaſtiques qu'il vous plaira,
pour faire à votre place ladite viſite & réforme, même dans les Provinces des Indes, avec
un pouvoir égal au vôtre ou par vous limité.

Que ſi dans cette viſite vous trouvez des
affaires trop graves & trop importantes, vous
aurez ſoin de nous en référer & de nous envoyer
au plutôt dans un paquet ſcellé de votre ſceau
toutes les pieces néceſſaires pour nous en inſtruire
à fond. De notre côté nous les examinerons ſui-
vant la nature des choſes & les circonſtances des
temps; Nous préſenterons au Tout-puiſſant nos
larmes, nos cris & nos prieres, afin d'obtenir
que nous jugions avec maturité de ce qu'il
faudra ſtatuer.

Nous ordonnons en conſéquence à tous &
chacun des Supérieurs, Officiers, Clercs Réguliers & autres perſonnes des Provinces, Maiſons, Colleges & autres lieux de ladite So-

ciété, fitués dans les Royaumes, Terres & Provinces, même des Indes, de la domination du Roi Très-Fidele; & ce fous peine d'excommunication *lata fententiæ*, réfervée à Nous & aux Souverains Pontifes nos fucceffeurs, excepté l'article de la mort, fous peine de fufpenfe *à Divinis*, de privation de tous offices & autres peines à notre choix qui feront encourues par le feul fait, de rendre prompte obéiffance & foumiffion à Vous, & aux perfonnes qui auront été par vous députées pour toutes les chofes ci-deffus exprimées; de recevoir humblement les avertiffemens & les ordonnances falutaires qui émaneront de Vous ou de vos Députés, & de prendre des moyens efficaces pour les faire exécuter; à défaut de quoi nous ratifierons la fentence ou la peine que vous aurez juridiquement portée ou prononcée contre les réfractaires, & avec l'aide du Seigneur nous la ferons exécuter inviolablement jufqu'à pleine & entière fatisfaction.

Nous voulons que ces préfentes Lettres foient & demeurent fermes, valides & efficaces, qu'elles fortiffent tout leur effet, qu'elles vous autorifent pleinement pour cela, ainfi que les perfonnes que vous commettrez, & qu'elles foient inviolablement obfervées par ceux qu'il appar-

tient & qu'il appartiendra dans la fuite. Enjoi-
gnons à tous Juges ordinaires & délégués, même
aux Auditeurs du Palais Apoftolique & aux
Nonces du Saint Siege, de juger & définir conformément à la teneur de ces Lettres; leur ôtant
toute faculté & autorité de juger & interpréter
autrement; déclarant nul & de nul effet tout ce
qu'ils entreprendroient de faire à ce contraire,
avec connoiffance de caufe ou par ignorance:
Défendons d'avoir égard à toutes difpofitions
générales ou particulieres qui paroîtront s'oppofer aux préfentes, foit des Conftitutions Apoftoliques, foit des Ordonnances des Conciles généraux, provinciaux & fynodaux, foit des Sta-
tuts de ladite Société, de fes Maifons, Colléges
& autres lieux Réguliers, de ceux même qui
feroient munis de la religion du ferment, confirmés par l'Autorité Apoftolique, ou de toute
autre maniere; foit des ufages, Privileges, In-
dults, Lettres Apoftoliques, ci-devant accordés,
confirmés & renouvellés en faveur des Supérieurs ou des autres perfonnes de ladite Société,
en quelque teneur & forme que ce puiffe être,
y eût-il des claufes dérogatoires des dérogatoires,
plus efficaces que les très efficaces, infolites &
irritantes; foit enfin de tous autres Décrets généraux & particuliers, de ceux même qui fe-

roient donnés *motu proprio* ou émanés du Confif-
toire ; & quand ces actes feroient tels que pour y
déroger il feroit néceffaire de faire d'eux & de
toute leur teneur une mention fpeciale, fpécifi-
que ; expreffe, individuelle & de mot à mot, &
non pas fimplement par des claufes générales qui
l'annonceroient, ou bien qu'il feroit befoin de
quelque autre maniere de s'exprimer, ou de quelque formalité finguliere : Nous regardons la teneur defdits Actes comme auffi fuffifamment exprimée par ces Préfentes, que fi elle y étoit inférée de mot à mot, & que la formalité qui y eft
prefcrite fût exactement obfervée ; & nous dérogeons fpécialement & expreffément auxdits Actes
& à tous autres contraires aux Préfentes, pour
cette fois feulement, & en ce qui pourroit empêcher l'exécution de ce que nous venons d'ordonner, les laiffant d'ailleurs dans leur force
& vigueur.

DONNÉ à Rome, à Sainte-Marie-Majeure,
fous l'anneau du Pêcheur, le premier Avril de
l'année 1758, la dix-huitieme de notre Pontificat.

Pour M. le Cardinal PASSIONEI.

JEAN FLORIUS, Subftitut.

DÉCRET

DE SON ÉMINENCE LE CARDINAL DE SALDANHA.

Qui déclare les Jésuites de Portugal coupables d'un commerce illicite, & leur défend de le continuer.

NOUS DOM FRANÇOIS, Cardinal DE SALDANHA, Visiteur & Réformateur Général Apostolique de l'Ordre de la Compagnie de Jesus, dans les Royaumes de Portugal & des Algarves, & Pays qui en dépendent, &c. &c. &c.

A tous ceux qui ces Présentes verront, ou qui en auront connoissance : SALUT ET PAIX en Notre-Seigneur JESUS-CHRIST.

Depuis la fondation de l'Eglise, il a toujours été défendu à toutes les personnes consacrées par le Sacerdoce, de souiller la sainteté de leur Ministere en s'ingérant dans les affaires séculieres. Le Rédempteur des hommes a lui même établi cette vérité dans son Evangile (1). Il l'a annoncée aux Ecclésiastiques par la bouche de l'Apôtre des Gentils (2). Il l'a fait publier dans le premier Concile de l'Eglise, qui a ordonné que les Evêques, Prêtres & Diacres qui se seroient mêlés d'affaires profanes seroient privés de leur dignité & de l'exercice de leur ministere (3). C'est sur toutes ces dispositions de droit divin que sont fondées les défenses positives du Droit Canonique, & toutes les peines qu'il fulmine contre les violateurs de ces saintes Loix (4).

La rigueur de ces Loix à l'égard des Ecclésiastiques va jusqu'à leur ordonner expressément de s'abstenir de tous ministeres séculiers, même honnêtes, tels que sont les fonctions de Procureur dans les Villes & les Bourgs (5). Mais elles

---

(1) Non potestis Deo servire & mammonæ. *Matth.* 6. ℣. 24.

(2) Nemo militans Deo, implicat se negotiis sæcularibus. *II. ad Timoth. cap.* 1. ℣. 4.

(3) Episcopus aut Presbyter, aut Diaconus nequaquàm sæculares curas assumat : sin aliter, ejiciatur. *In Concil. Apostol. Can.* 7.

(4) Per totum titul. Ne Clerici vel Monachi sæcularibus negotiis se immisceant.

(5) Text. in cap. Sed nec Procurationes Villarum, 4. *eodem. tit.*

font encore plus formelles & plus rigoureuses
pour défendre à tous ceux qui font consacrés au
service de Dieu, de se laisser jamais aller à une
avarice sordide, en se mêlant de commerce &
de marchandises. Notre Divin Rédempteur nous
a fait comprendre combien ce commerce est
opposé à l'esprit de son Eglise, & à la sainteté
de son Ministere, lorsqu'il chassa du Temple les
Changeurs & les Marchands qu'il y trouva occupés à vendre & à acheter : il renversa leurs tables, leurs comptoirs & l'argent qui servoit à leur
négoce, & alla jusqu'à les frapper à coups de
fouet, leur faisant les reproches les plus séveres
de ce qu'ils faisoient de la Maison de son Pere
une Maison de trafic, & une caverne de voleurs de la Maison de Dieu, destinée à la
Priere [1].

---

[1] Ascendit Jesus Jerosolymam, & invenit in templo
vendentes boves, & oves, & columbas, & nummularios se-
dentes. Et cùm fecisset quasi flagellum de funiculis, omnes
ejecit de templo; & nummulariorum effudit æs, & mensas
subvertit. Et his, qui columbas vendebant, dixit : Auferte ista
hinc, & nolite facere domum Patris mei domum negotiatio-
nis. *Joan. c. 2. ℣. 14. 15. & 16.*

Et intravit Jesus in templum, & ejiciebat omnes vendentes
& ementes in templo : & mensas nummulariorum, & cathe-
dras vendentium columbas evertit; & dicit eis : Scriptum est :

C'eſt dans cet eſprit que depuis le commencement de l'Egliſe les ſaints Canons ſe ſont toujours élevés avec force contre les Eccléſiaſtiques, qui, ſans crainte de Dieu & ſans reſpect
pour la Loi évangélique, couroient après ces
vils intérêts, provenant d'un commerce réprouvé
par les Loix ſacrées [1], & qui conſiſte à vendre
plus cher dans un temps ce qu'on a acheté

Domus mea domus orationis vocabitur: vos autem feciſtis il-
lam ſpeluncam latronuin. *Matth. cap.* 21. ℣. 11. 12. 13.

[1] Si quis inventus fuerit poſt hanc definitionem uſuras
accipere, vel ex quolibet tali negotio turpia lucra ſectari, vel
etiam ſpecies frumentorum ad ſextuplum dare; omnis, qui
tale aliquid conatus fuerit ad quæſtum, rejiciatur à Clero,
& alienos ab Eccleſiaſtico habeat gradus. *Ex Concil. Nicen.
in Can. Quoniam cauſ.* 14. *quæſt.* 4. *cap.* 8.

Conſequens eſt, ut illa quoque de Piceni partibus nuper
ad nos miſſa relatio nuntiavit, non prætermittenda putaremus:
id eſt, plurimos Clericorum negotiationibus inhoneſtis & lu-
cris turpibus immiſceri, nullo pudore cernentes Evangelicam
lectionem.... Proinde hujuſmodi aut ab indignis poſthac
quæſtibus noverint abſtinendum, & ab omni cujuſlibet nego-
tiationis ingenio, vel cupiditate ceſſandum; aut in quo-
cumque gradu ſint poſiti, mox à Clericalibus officiis abſtinere
cogantur. *Ex. Pap. Gelaſio in Diſtinct.* 88. *cap.* 2.

Canonum ſtatutis firmatum eſt, ut quicumque in Clero
eſſe voluerit, emendi viliùs, vel vendendi cariùs ſtudio non
utatur. Quod certè ſi voluerit exercere, cohibeatur à Clero.
Ex Concil. Tarraconenſi in Canon. 14. *quæſt.* 4.

moins dans un autre [1]. Les mêmes Canons
ordonnent de fuir comme la peste un Ecclésiastique Négociant, qui, par ce moyen illicite,
de pauvre est devenu riche, & arrogant d'hum-
ble qu'il étoit [2]. Enfin, ils prononcent les plus
rigoureuses peines & fulminent toutes les cen-
sures Ecclésiastiques, contre tout Clerc & Religieux qui fait commerce par lui-même, ou s'intéresse seulement dans celui d'un tiers [3].

Cette défense commune à tous les Ecclésiastiques, oblige bien plus étroitement les Religieux Missionnaires, qui, comme tels, doivent avoir pour patrimoine la pauvreté Apostolique, & pour unique objet un zele ardent d'é-

-----

[1] Quicumque tempore messis vel vindemiæ, non necessi-
tate, sed propter cupiditatem, comparat annonam, vel vi-
num, v. g. de duobus denariis quatuor, aut sex, aut amplius,
hoc turpe lucrum dicimus. *Ex Jul. Pap. in cauf.* 14. *quæst*
4. *cap.* 9.

[2] Negotiationem Clericum, aut ex inope divitem, ex ig.
nobili gloriosum quasi quamdam pestem fuge. *Ex D. Hie-
ronymo in distinction.* 88. *cap.* 9.

[3] Secundùm Instituta Prædecessorum nostrorum sub in-
terminatione anathematis prohibemus, ne Monachi vel Clerici, causâ lucri, negotientur; & ne Monachi à Clericis, vel
Laicis suo nomine firmas habeant. *In cap.* 6. *Ne Clerici vel
Monachi.*

c'airer de la lumiere de l'Evangile ceux qui font
affis dans l'ombre de la mort, & habitent au milieu des ténebres de l'ignorance du vrai Dieu.
D'ailleurs ils doivent fe repofer fur l'infinie Providence, & efpérer qu'au moyen de la charité
des Fidelles, ils ne manqueront point du néceffaire pour leur nourriture & leurs vêtemens.

Des motifs fi juftes & fi preffans exciterent le
zele Apoftolique du Pape Urbain VIII, & il
ne put fe difpenfer de réprimer les Religieux
des Miffions d'au-delà de la Mer, qui, dès le
temps de fon Pontificat, avoient déjà caufé du
fcandale fur cette matiere fi délicate. Ce Pape
s'efforça de l'étouffer par fa Bulle, en date du
22 Février 1633, *Ex debito Pafloralis officii*, dans
laquelle, après avoir repréfenté tout commerce
& trafic temporel comme indigne de la fainteté
du Miniftere facerdotal & contraire à toutes les
Loix de l'Eglife, il défend à tous Religieux
Mendians & non-Mendians, & notamment à
ceux de la Compagnie de Jefus, de s'y immif-
cer & d'y prendre part directement ou indirec-
tement, foit par eux & en leur nom propre,
foit par l'entremife d'un tiers, ou au nom de
leur Communauté, fous peine d'excommunication *latæ fententiæ*, de privation de voix active
& paffive & de tous offices, emplois & dignités

dont ils feroient revêtus, les déclarant même
inhabiles à en poſſéder jamais aucun, & con-
fiſquant au profit des Miſſions toutes les marchandiſes objet de ce commerce, ainſi que l'argent qui en feroit le produit.

Mais comme pluſieurs des Religieux fuſdits
& d'autres perſonnes Eccléſiaſtiques, oubliant
leurs obligations & l'obéiſſance qu'ils devoient
aux Conſtitutions Apoſtoliques, continuerent
encore depuis ce trafic illicite & indécent, fous
différens prétextes & fubterfuges, au détriment
de leur ame, & au grand fcandale des Fidelles,
le Pape Clément IX s'oppoſa à ces déplorables
tranſgreſſions, par une autre Bulle du 17 Juin
1669, qui commence par ces mots: *Sollicitudo
Paſtoralis officii*, où il cite, confirme & étend
la précédente Bulle, en rappelle toutes les diſpoſitions, & prononce les mêmes peines contre
les Religieux Commerçans.

Ces défenſes, quoique ſi preſſantes & ſi générales, ne purent empêcher qu'il ne fût encore
porté des plaintes éclatantes aux pieds de N.
S. P. le Pape Benoît XIV, aujourd'hui Chef de
l'Egliſe Univerſelle. Elles donnerent lieu à une
Bulle du Saint Pere, en date du 25 Février
1741, confirmative des deux précédentes, &
qui en preſcrit de la maniere la plus formelle

& la plus précife la pleine & entiere exécution.

Cependant le fcandale que ces trafics illicites
d'Eccléfiaftiques ont caufé dans ces Royaumes,
& leurs dépendances eft devenu fi public & fi
révoltant, qu'il a forcé d'appeller au fecours
des Saints Canons & des Conftitutions Apoftoliques les Loix même de l'Etat. En vertu de ces
Loix, les Magiftrats féculiers ont faifi les marchandifes & effets qui étoient l'objet du commerce de ces Perfonnes Eccléfiaftiques, pour
être remis avec les pieces & informations à leurs
Juges ordinaires [1].

Nous avons de plus été informés avec certitude [ce qui nous a pénétré de la plus vive
douleur], que dans les Colléges, Noviciats,
Maifons, Réfidences & autres lieux des Provinces, & Vice-Provinces de l'Ordre de la Compagnie de Jefus, dans ces Royaumes & Domaines en dépendans, où le Saint Siege nous a
établi Commiffaire, pour les réformer & les ramener à la pratique exacte de leurs devoirs, autant que nous le pouvons felon notre foibleffe, il
fe trouvoit encore quelques Religieux fi éloignés

---

[1] Ord. Liv. 4. Tit. 16.

du souvenir des susdites saintes Ordonnances &
Constitutions Apostoliques, & si obstinément
endurcis dans leurs transgressions, que, foulant
aux pieds toute crainte de Dieu & tout respect
humain, au grand détriment de leurs ames &
au scandale de tous les Fideles, les uns imi-
tent les Vendeurs & Banquiers que N. S. J. C.
chassa avec un fouet hors du Temple, & s'occupent dans leurs propres Maisons Religieuses,
& comme telles consacrées à Dieu, non-seulement à recevoir & délivrer des lettres de change, ainsi que font les Banquiers & Gens de
commerce, mais même à vendre des marchandises apportées d'Asie, d'Amérique & d'Afrique,
pour en retirer du bénéfice, comme si ces Colléges, Maisons, Noviciats, Résidences & autres
lieux, étoient des magasins de commerce, & ces
habitations des boutiques de Marchands. D'autres, semblables à ces Commerçans Ecclésiastiques que les Saints Canons & les Saints Peres
ordonnent de fuir comme la peste, parce qu'ils
passent de la pauvreté aux richesses, & de l'hu-
milité à l'orgueil & à l'arrogance, après s'être
fait par leur trafic des capitaux considérables,
ont établi des magasins dans les Villes mari-
times de ces Royaumes & de leurs dépendances, où le voisinage des Ports rend le com-

merce plus facile & plus avantageux , & où ils vendent eux-mêmes aux Peuples toutes sortes de marchandises , comme de véritables Négocians. D'autres enfin qui sont dans les Pays d'Outre-mer , dépendans de ce Royaume, se sont portés à un excès de corruption encore plus déplorable & qui est sans exemple. Ils envoient dans les Provinces & Contrées circonvoisines des gens chargés d'y faire des provisions de drogues qu'ils vendent ensuite dans leurs propres Maisons; ils font saler des viandes & des poissons ; ils préparent des peaux ; en un mot, leurs résidences sont devenues des boutiques de toutes sortes de comestibles , de ces denrées même dont le commerce seroit honteux pour des Séculiers de la lie du peuple [1].

Tous ces désordres considérés , usant de l'autorité Apostolique qui nous a été confiée , & joignant aux dispositions Divines & Canoniques les Bulles des Papes, & plus spécialement la Commission qui nous est donnée par Sa Sainteté, en vertu de la sainte obéissance , & sous les menaces de déclarer l'excommunication majeure encourue *ipso facto* , ainsi que toutes les

---

[1] Ord. 4. Tit. 16.

autres

autres peines contenues dans les Bulles ci deſſus citées, Nous ordonnons aux RR. PP. Provinciaux, Vice-Provinciaux, Préfets, Recteurs & autres Supérieurs des lieux, & à leurs Sujets reſpectifs dudit Ordre de la Compagnie de Jeſus, dans ces Royaumes & Pays en dépendans, à tous en général, & à chacun en particulier, qu'à l'inſtant où notre préſente Ordonnance leur ſera repréſentée, manuſcrite ou imprimée, pourvu qu'elle ſoit ſignée de Nous, & ſouſcrite de notre Illuſtriſſime & Révérendiſſime Secrétaire & Adjoint, & ſcellée de notre grand ſceau, après l'avoir lue en pleine Communauté, aſſemblée au ſon de la cloche, & l'avoir enrégiſtrée dans leurs livres reſpectifs, ceux à qui elle eſt adreſſée faſſent pour ſon exécution ceſſer les ſuſdites tranſgreſſions, ces ſcandales & tout ce qui pourroit y reſſembler, ſans que pour couvrir leur négoce ils puiſſent, en quelque maniere que ce ſoit, ſe prévaloir d'aucun prétexte, titre, couleur, intelligence, cauſe, occaſion ou moyen, même pour une fois ſeulement, alléguer le beſoin de leurs Egliſes reſpectives, ſe ſervir de perſonnes interpoſées, éluder les ſuſdites Conſtitutions Apoſtoliques par des interprétations contraires au ſens que préſentent leurs diſpoſitions littérales, ou enfin temporiſer ſous prétexte qu'il

d

faut du temps pour terminer les affaires de négoce, dans lesquelles ils se trouvent engagés.
Toutes ces excuses étant réprouvées d'avance
dans ces mêmes Constitutions Apostoliques,
Nous voulons que celles-ci aient leur entier
effet, & qu'elles soient pleinement exécutées
selon leur forme & teneur, en ce qui regarde
lesdits RR. PP. Supérieurs de la Compagnie de
Jesus, soumis à notre autorité.

Nous leur déclarons donc par ces Présentes
que tous & chacun desdits commerces, quand ils
seroient licites pour des Séculiers, sont honteux
& illicites pour des Ecclésiastiques ; attendu que
la défense faite à ceux ci de commercer com-
prend toutes sortes de négoces, & ne leur permet que d'acheter les choses nécessaires à la vie
& d'en vendre le superflu, & s'étend jusqu'aux
choses qui proviennent du travail de leurs mains,
lorsqu'elles sont indécentes pour des Religieux
[1]. Mais le commerce est encore bien plus illicite & plus honteux pour des Religieux Missionnaires qui, comme tels, sont bien plus étroitement liés par les dispositions du Droit Divin,

---

[1] L'opinion des Docteurs sur ce point est uniforme. *Voyez*
Gonzales, *Tell. ad Text. in dict. cap. secundùm Instituta 6.
Ne Clerici vel Monachi , n. 6 & 7.*

& par les Conſtitutions Apoſtoliques; en ſorte
que dans la Commiſſion dont Nous ſommes
chargés, notre conſcience nous oblige indiſpenſablement de ne pas permettre le moindre relâ-
chement en cette matiere.

C'eſt pourquoi Nous commandons auxdits
Religieux de la Compagnie de Jeſus, en vertu
de la ſainte obéiſſance, & ſous la même me-
nace, de déclarer qu'ils ont encouru toutes &
chacune des peines portées par les ſuſdites Conſtitutions Apoſtoliques; que dans le terme péremptoire de trois jours continus qui, ſelon les
regles du Droit Canonique, ſuivront l'intima-
tion qui leur ſera faite des Préſentes, ils faſſent
auſſi-tôt, ou viennent faire leur déclaration pardevant Nous en cette Ville de Lisbonne, &
ailleurs pardevant nos Subdélégués, des commerces, lettres-de-change, tranſports de marchandiſes, tant de celles qui ſont propres à l'u-
ſage & à la parure des perſonnes, à l'ornement
des tables & des maiſons, que de celles qui ſervent d'aliment & de ſoutien à la vie; des capitaux dans leſquels ils ſont intéreſſés, des effets
& marchandiſes qu'ils ont actuellement en conſéquence de leur négoce, & des actions qui au
même titre appartiennent à chacune de leurs
Maiſons Religieuſes, ſoit dans ce Royaume &

ſes dépendances, ſoit au-dehors ; repréſentant en même-temps devant Nous ou nos Commiſſaires, tous les regiſtres & livres de compte qui ſe trouveront au pouvoir deſdits Supérieurs, & de ceux qui leur ſont ſoumis, déclarant dans quelles mains & pour quels motifs ſont paſſés & ſe trouveront ceux qu'il ne leur ſera pas poſſible d'exhiber ; afin que pleinement informés de tout ce que deſſus, Nous puiſſions des marchandiſes, capitaux & effets provenans deſdits commerces, faire telles applications au ſervice de Dieu qui ſeront plus conformes aux déciſions du Saint Siége, & au bien ſpirituel de la réforme dont Sa Sainteté nous a chargé.

DONNÉ en notre demeure de la Junqueira, le 15 Mai 1758.

Moi Etienne-Louis de Magalhaens, Conſeiller du Roi, Secrétaire & Adjoint de cette Réforme, ai fait écrire & ſouſtraire ce Décret, & l'ai ſigné.

FRANÇOIS, Cardinal de Saldanha.

Place † du Sceau.

ETIENNE LOUIS DE MAGALHAENS.

MANDEMENT

De l'Éminentiſſime & Révérendiſſime Cardinal Patriarche de Lisbonne.

Qui ôte aux Jéſuites les pouvoirs de prêcher & de confeſſer.

JOSEPH, Cardinal Patriarche de Lisbonne.

Pour de juſtes raiſons à nous connues, & qui intéreſſent ſpécialement le ſervice de Dieu & l'utilité publique, Nous ſuſpendons du pouvoir de confeſſer & de prêcher, dans toute l'étendue de notre Patriarchat, les Peres de la Compagnie de Jeſus, dès ce moment & juſqu'à nouvel ordre de notre part. Et afin que tout le monde en ſoit inſtruit, Nous ordonnons que le préſent Mandement ſera publié & affiché aux lieux accoutumés dans cette Ville & dans notre Patriarchat.

DONNÉ dans notre Palais, ſous notre ſeing & notre ſceau, le 7 Juin de l'année 1758.

J. Cardinal Patriarche de Lisbonne.

PAR SON EMINENCE.

CHRISTOPHE DE ROCHA CARDOSO.

PRÉCIS DU PROCES

ET

JUGEMENT

Rendu contre les Auteurs de l'exécrable attentat commis contre la Personne sacrée de Sa Majesté Très-Fidelle Joseph I Roi de Portugal, la nuit du 3 Septembre 1765.

Publié par ordre de Sa Majesté.

Nous Conseillers & Juges nommés par Sa Majesté Très-Fidelle, &c. &c.

Vu les Actes dressés suivant les formes de la Loi & les Ordonnances de Sa Majesté, contre les coupables Joseph Mascarenhas, ci-devant Duc d'Aveiro ; Donna Eléonor de Tavora, ci-devant Marquise de ce nom; François d'Assise de Tavora, ci-devant Marquis du même nom ; Louis-Bernard de Tavora, ci devant Marquis du même nom; Dom Jérôme de Ataïde, ci-devant Comte d'Atonguia; Joseph Marie de Tavora, ci-devant Aide-de-Camp du Marquis son pere;

Braz-Joſeph Romeiro, Capitaine de Cavalerie dans le Régiment du Criminel Louis-Bernard de Tavora ; Antoine Alvarès Ferreira, Joſeph Polycarpe d'Azévédo , Emmanuel Alvarès Ferreira, valet-de-chambre du Criminel Joſeph Maſcarenhas, & Jean-Michel , laquais du même Criminel ; les Informations & Pieces y jointes ; les allégations, articles & défenſes fournies par les ſuſdits Criminels.

I. Il eſt pleinement prouvé par les aveux de la plus grande partie des mêmes Criminels, par les dépoſitions de pluſieurs témoins oculaires & autres faits qui s'y rapportent, que le Criminel Joſeph Maſcarenhas avoit conçu une haine téméraire, ſacrilege & implacable contre l'auguſte & très-ſacrée Perſonne du Roi, notre Seigneur, pour avoir Sa Majeſté rendu inutiles & ſans effet, par ſa ſageſſe & prudence Royale, & par ſes ordres très-juſtes, les meſures artificieuſes & téméraires que ledit Maſcarenhas avoit priſes pour ſe conſerver, pendant le très-heureux Gouvernement de ces Royaumes, tout le pernicieux crédit qu'il avoit eu dans ce même Gouvernement, pendant les dernieres années du Regne précédent, par le moyen & l'autorité de ſon oncle le Pere Gaſpard de l'Incarnation ; & auſſi

parce que Sa Majefté n'avoit pas voulu fouffrir
qu'il réunît aux biens Royaux & Patrimoniaux
de la Maifon d'Aveiro, les riches bénéfices qu'a-
voient poffédés pendant leur vie les Adminiftra-
teurs de fa famille, & fur lefquels les regles des
Bénéfices Eccléfiaftiques ne lui permettoient pas
de prétendre aucun droit, n'ayant aucun titre
perfonnel qui pût l'autorifer à les poffèder; &
enfin, parce que ledit Seigneur Roi s'étoit op-
pofé au mariage que ledit Coupable avoit, avec
autant de précipitation que d'avarice, projeté de
faire contracter à fon fils le Marquis de Gouvea, avec Donna Marguerite de Lorena, fœur
de Dom Nuno Gaëtan de Mello, Duc de Cadaval, vraifemblablement dans l'idée de con-
fondre par le moyen de ce mariage dans fa propre Maifon les biens de la très-illuftre Maifon
de Cadaval, dont le Chef actuellement mineur,
& fujet aux infirmités qui ont été fi funeftes à fa
famille, étoit encore dans le célibat; parce que,
pour l'empêcher de fe marier, le même Criminel ne ceffoit de lui fufciter des procès & des
faifies qui avoient mis les biens & revenus de ce
même Duc mineur dans un tel embarras, qu'ils
ne pouvoient lui fournir les moyens néceffaires
pour faire les dépenfes d'un établiffement capable de mettre le même Duc de Cadaval en état

d'assurer la durée de sa très-digne & très illustre Maison.

II. Il est encore prouvé que le même Criminel Dom Joseph Mascarenhas étant diaboliquement animé des malins esprits d'orgueil, d'ambition, & d'avarice, & d'un courroux implacable contre la très-auguste & très-bienfaisante Personne de Sa Majesté, ne tarda pas à s'occuper d'autres projets absurdes, qui le porterent à chercher tous les moyens de gagner & d'attirer à soi toutes les personnes qui se trouvoient avoir encouru la disgrace de Sa Majesté, ou qui étoient injustement mécontentes de son très-heureux Gouvernement ; qu'il s'est efforcé de les en aliéner plus encore qu'elles ne l'étoient, par les très-pernicieux exemples de ses calomnies sacrileges, & de sa haine pour le service du Roi, auquel il ne faisoit point de scrupule de manquer avec infamie; jusques-là qu'il en est venu à proférer cet insolent discours : Que c'étoit pour lui la même chose de lui donner ordre d'aller à la Cour, que de lui casser les jambes. Son inconcevable témérité ne s'est même pas bornée là ; il s'est livré à cette flatteuse imagination, & se l'est entendu répéter avec approbation & complaisance, qu'il n'y avoit plus de degré où il pût monter que le Trône même, & qu'il ne lui restoit à desirer que d'être Roi.

III. Il est prouvé que le susdit Criminel s'affermissant de plus en plus dans cet exécrable & infernal système de haine & de sédition infâme, dans le temps même qu'il y avoit entre lui & les Religieux Jésuites, une aversion implacable & une guerre déclarée, qui, pendant toute la durée du Ministere de son oncle, le Pere Gaspard de l'Incarnation, avoit généralement scandalisé la Cour & tout le Royaume, & qui, après la mort dudit Pere Gaspard, avoit continué avec la même violence qu'auparavant, a subitement changé de sentimens & de conduite, dès que ces Religieux ont été destitués de l'Emploi de Confesseurs de Leurs Majestés & de Leurs Altesses Royales, & que l'entrée de la Cour leur a été défendue à cause des manœuvres qu'ils y avoient pratiquées pour aliéner de l'union & de la bonne intelligence avec Sa Majesté, certaines Cours Etrangeres, & des révoltes formelles, des guerres ouvertes qu'ils avoient suscitées à Sa Majesté dans l'Uraguay & le Maragnon. Au lieu de fuir lesdits Religieux comme des hommes empestés, ainsi que lui prescrivoient les obligations de sa Charge & sa qualité de Sujet, le

fufdit Criminel a fait précifément tout le contraire. A l'aide d'une réconciliation auffi artifi-
cieufe qu'inattendue, & qui jufques-là avoit
paru incompatible avec fon inflexible orgueil,
il s'eft empreffé de s'unir & de fe familiarifer
avec ces Peres. On l'a vu leur rendre de fré-
quentes vifites, & les recevoir dans fa maifon,
avoir avec eux de longues conférences, ordonner à fes Domeftiques de les faire entrer chez
lui auffi-tôt qu'ils arrivoient, leur recomman-
dant un inviolable, infidieux & extraordinaire
fecret fur ces vifites qu'il faifoit aux Jéfuites &
que ces Peres lui rendoient.

IV. Il eft prouvé que de cette réconciliation
[auffi peu conforme à la hauteur exceffive de
ce Criminel, qu'à l'arrogance notoire & à l'efprit vindicatif de ces Religieux] ont réfulté ces
exécrables effets : l'un, qu'il s'eft formé une liai-
fon étroite, entre tous les fufdits Coupables,
pour fe déclarer ennemis de l'augufte Perfonne
de Sa Majefté, & de fon très-heureux & très-
glorieux Gouvernement ; l'autre, que cette Confédération s'eft portée jufqu'à cet horrible excès
de faire enfemble dans les conférences qui fe
tenoient avec le fufdit Criminel à Saint-Antoine,
à Saint Roch, & dans fon propre Hôtel, de
communes délibérations, dont le réfultat étoit

que l'unique moyen par lequel on pouvoit parvenir à changer le Gouvernement , [ce qui faifoit l'objet commun, ambitieux & deteftable de tous ces Conjurés], étoit de comploter la mort du Roi notre Seigneur. Tous ainfi réunis dans cette caufe commune , ils continuoient de délibérer enfemble fur ce facrilege & infâme projet, avec ces Religieux qui encourageoient de tout leur pouvoir le fufdit Criminel à l'exécution de cet infernal Parricide, en lui faifant faire réflexion que tout s'arrangeroit au gré de fes defirs, dès que Sa Majefté auroit terminé fa très-précieufe & très-glorieufe vie. Les mêmes Religieux décidoient encore que le Parricide qui tueroit Sa Majefté ne feroit pas même coupable d'un péché véniel. Ils ne ceffoient de débiter ces Machiavéliques, déteftables & barbares tromperies fi capables de bleffer les oreilles pieufes, dans ces fréquens conventicules qui fe tenoient pour cette infâme Conjuration entre lefdits Religieux , le fufdit Criminel , & tous fes autres Complices.

V. Il eft prouvé que le Criminel & les fufdits Religieux, continuant de fuivre leur déteftable Confédération & leur Conjuration infernale , dont ils préparoient d'un commun accord tous les effets, ils travaillerent à y faire entrer la

Marquife Donna Eléonor de Tavora , malgré
l'averfion naturelle qu'il y avoit eu de tout temps
entr'elle & le fufdit Criminel , tant à caufe de
l'antipathie de leurs caracteres, que de la con-
trariété de leurs intérêts qui fembloient y devoir
mettre un obftacle invincible, puifqu'il y eut
toujours entre ladite Marquife & ce Criminel,
une efpece de combat à qui des deux l'empor-
teroit fur l'autre, en ambition & en orgueil ; que
par cette raifon, ladite Marquife étoit tourmen-
tée d'une jaloufie extrême de voir la Maifon du
fufdit Criminel élevée au deffus de celle de Tavora en honneurs & en richeffes, & que la haine
qu'elle avoit conçu contre lui étoit devenue encore plus vive par les mouvemens qu'il fe donna
lorfque le Marquis François d'Affife de Tavora
étoit dans les Indes, pour lui ôter, pendant fon
abfence, les Fiefs de Margaride, & les biens
libres de fa Maifon. Cependant, malgré tout ce
qu'on vient de dire, les Conjurés firent fi bien,
d'un côté par la méchanceté defdits Peres Jéfuites, & de l'autre par celle du fufdit Criminel,
qu'effectivement ils vinrent à bout d'engager ladite Marquife dans leur infáme Conjuration.

VI. Pour confirmation de tout ce qui a été
rapporté, il eft encore prouvé que la fufdite
Marquife ne fut pas plutôt entrée dans ladite

Conjuration, qu'elle s'appliqua, de concert avec lesdits Peres Jéfuites, à perfuader à toutes les perfonnes de fa connoiffance & de fes amis, que Gabriël Malagrida [1], Religieux de la même Société, étoit un faint homme & un faint pénitent. Dans cette vue, ladite Marquife fit exprès les exercices fpirituels, fous la direction de ce Religieux, afin de faire voir qu'elle fuivoit entiérement fes avis & fes confeils. Ces oftentations affectées de confiance dans ledit Gabriël Malagrida, & de foumiffion à fa conduite, produifirent les plus criminels & les plus pernicieux effets. La maifon de cette Criminelle devint le fiege d'affemblées journalieres, où l'on ne ceffoit de vomir des invectives & des calomnies, pour exciter l'averfion & la haine des Portugais, contre la Royale Perfonne de Sa Majefté, & fon très-heureux Gouvernement. Le fujet ordinaire & continuel de ces converfations, étoit de pratiquer des trahifons & des complots, contre la Perfonne facrée du Roi. On y décidoit ouvertement qu'il feroit fort utile que Sa Majefté ceffât de vivre ; & d'après cet abominable principe, on s'occupoit des moyens de

---

[1] C'eft un Jéfuite Italien que les Jéfuites Portugais avoient, dit-on, fait venir à Lisbonne pour jouer le perfonnage de Prophete.

commettre sûrement le sacrilege attentat de la
nuit du 3 Septembre de l'année derniere. La
Marquise se réunissoit, par la conformité de ses
sentimens détestables avec ceux du Duc d'A-
veiro, à toutes les machinations & aux noirs
desseins qui se formoient dans la maison de ce
Duc, pour ôter la vie au Roi notre Seigneur,
& mettre fin à son heureux Gouvernement.
Outre le susdit Gabriël Malagrida son Direc-
teur ordinaire & absolu, la Marquise complo-
toit encore avec les Jésuites Jean de Matos, Jean
Alexandre, & autres de la même Société, avec
lesquels elle s'étoit également confédérée. C'est
ainsi que cette même Marquise devint l'un des
trois Chefs principaux de cette barbare & horrible Conjuration, & l'une des plus zélées à l'é-
tendre, employant son crédit, ses artifices, les
moyens ci-dessus déclarés, & plusieurs autres pour
faire entrer dans cette même Conjuration toutes
les personnes qu'il lui fut possible de séduire.
Enfin, elle a mis le comble à tous ces crimes,
en s'associant immédiatement aux perfides &
sacrileges exécuteurs de l'exécrable attentat de
la nuit du 3 Septembre de l'année derniere,
auxquels elle compta seize lisbonines [1], pour

____

[1] L'original Portugais, dit *Moedas*, monnoie d'or qui
vaut à peu-près 5000 reis ou 30 liv. de France.

contribuèr à une partie de la récompenſe qu'on donna aux infâmes & déteſtables monſtres qui, dans cette malheureuſe nuit, tirerent les coups ſacrileges qui cauſerent les énormes accidens qui nous ont fait verſer tant de larmes.

VII. Il eſt prouvé que la Marquiſe continuant de ſuivre ſon plan abominable, & s'étant arrogé un empire abſolu ſur toutes les actions du Marquis François d'Aſſiſe de Tavora, ſon mari, de ſes fils, de ſes filles, de ſon gendre, de ſes beaux-freres & autres perſonnes, elle avoit indignement abuſé de l'autorité qu'elle avoit ſur eux, pour les pervertir; de ſorte qu'emportée par l'eſprit d'un orgueil diabolique, d'une ambition & d'une avarice inſatiable, apres s'être aſſociée, pour ſatisfaire ces paſſions, avec le Duc d'Aveiro & leſdits Peres Jéſuites, comme on l'a déjà dit, elle eut l'impiété & l'inhumanité d'engager dans la même conſpiration & dans l'horrible attentat de la nuit du 3 Septembre de l'année derniere, ſon mari, ſes fils, ſon gendre, ſes beaux-freres & ſes amis, ainſi qu'on va le voir; ſe ſervant comme d'un inſtrument propre à conſommer cette œuvre infernale, non-ſeulement de l'opinion qu'elle ſeignoit d'avoir de la prétendue ſainteté du ſuſdit Gabriël Malagrida, mais encore des Lettres qu'il lui écrivoit fréquemment

pour

pour l'engager à perfuader à tous fes parens d'aller à Sétuval faire les Exercices Spirituels, fous la direction dudit Malagrida.

VIII. Il eft prouvé que, par un effet de ces diaboliques préliminaires, le premier des Complices qui fe précipita dans cette infâme Conjuration, fut le Marquis François d'Affife de Tavora, qui eut le malheur de fe jeter dans ce précipice, par les fuggeftions de ladite Marquife fa femme, du Duc d'Aveiro fon beaufrere, & defdits PP. Jéfuites; de maniere qu'après cela, il fit de fon Hôtel cette infâme boutique de conjurations, de trahifons & de machinations, contre la gloire & la précieufe vie de Sa Majefté. Et pour parvenir aux fins abominables de ce pernicieux complot, il prit part à toutes les pratiques qui fe tramoient dans l'Hôtel du Duc d'Aveiro, & à toutes les conférences qu'on y tenoit pour parvenir à changer le Gouvernement de Sa Majefté, & à lui ôter fa vie. A ces fins, il porta au Duc d'Aveiro 12 moëdas, ou 57.400 reis, pour fa quote part du vil & infâme falaire que l'on donna aux deux Affaffins dont on a parlé ci-deffus, avant qu'ils commiffent l'attentat du 3 Septembre de l'année derniere. Auffi eft-il arrivé que dans le temps même de cet attentat, le bruit public, d'accord avec l'opinion & même la science certaine des amis des deux Maisons, & des Complices du susdit attentat, fit regarder ledit Marquis François d'Assise, comme un des principaux auteurs de cet exécrable forfait. De plus, il y a preuve certaine & précise qu'il y a personnellement concouru, & qu'il s'est trouvé dans une des embuscades que l'on avoit dressées dans cette funeste nuit, du 3 Septembre de l'année derniere ; de telle maniere que si le Roi en évitoit quelques-unes, il ne pût échapper aux autres. Et après que le crime fut commis, on le vit, la même nuit, comme il se retiroit desdites embuscades, dans la piece de terre qui est derriere le jardin du Duc d'Aveiro, complotant avec les autres Conjurés sur les moyens de consommer leur crime. Et dans la matinée du jour suivant, il se trouva dans l'assemblée ou conventicule qui se tint dans l'Hôtel du Duc d'Aveiro, où les uns firent de grands reproches aux Assassins, de n'avoir pas exécuté leur coup, de maniere à lui faire produire tout son pernicieux effet, & les autres se vantoient que si le Roi eût passé par l'endroit où ils s'étoient mis en embuscade pour l'attendre, ils ne l'auroient certainement pas manqué.

IX. Il est prouvé que le second des Complices, que ladite Marquise Donna Eléonor de Ta-

vora, le Duc d'Aveiro, & lefdits Religieux
conjurés avec eux, ont engagé dans cette infame
Conjuration, après l'avoir féduit par les décifions defdits Religieux, par la réputation de fainteté du P. Gabriël Malagrida, & par les calomnies débitées contre la très-augufte Perfonne de
Sa Majefté, & fon très-heureux & très-glorieux
Gouvernement, eft le Marquis Louis-Bernard de
Tavora. Il y a preuve contre ce Criminel, qu'il
alloit prefque tous les jours dans la maifon du
Duc d'Aveiro, & qu'il recevoit de lui de fré-
quentes vifites; que par ce moyen il a été préfent aux pernicieux complots, aux calomnies
facrileges, & aux infâmes conjurations qui fe
pratiquoient dans la maifon du Marquis & de
la Marquife fes pere & mere, & dans celle du
Duc d'Aveiro, qu'il s'affocia réellement à ladite
Conjuration, jufqu'à offrir des armes & des chevaux pour l'exécution de cette Conjuration, &
commettre le facrilege attentat; que deux jours
avant l'exécution, il avoit envoyé, avec des précautions toutes particulieres, des chevaux tout
appareillés & caparaçonnés dans l'écurie du Duc
d'Aveiro; qu'enfuite s'étant trouvé, contre fa
coutume, le foir du même jour, 3 Septembre
dernier, avant l'attentat dont il s'agit, avec le
Marquis fon pere, Jofeph-Marie de Tavora fon

frere, & d'autres, en délibération fur cet attentat, il fe rendit en perfonne la même nuit dans les embufcades dreffées contre l'augufte & très-précieufe vie de Sa Majefté, & qui étoient difpofées de maniere que fi Elle en évitoit une, Elle ne pût s'empêcher de tomber dans les autres que l'on avoit placées entre les deux maifons *do Meyo* & *de Cyma*. Enfin, que dans la matinée fuivante, il fe trouva auffi dans l'affemblée, ou plutôt dans le conventicule qui fe tint dans l'Hôtel d'Aveiro, où, comme on l'a dit, quelquesuns des affiflans querelloient les Affaffins qui avoient tiré fur le Roi les coups facrileges, de ce que ces coups n'avoient pas produit leur véritable effet, & les autres fe flattoient qu'ils auroient confommé cet abominable crime, fi la chaife du Roi eût paffé par l'endroit où le guettoient ceux qui ofoient faire parade de cette barbare & facrilege jactance.

X. Il eft prouvé que le troifieme des Complices, que les trois féditieux & déteflables Chefs de cette infâme Conjuration y ont engagé, & qu'ils ont précipité dans ce barbare & facrilege forfait, eft D. Jérôme de Ataïde, Comte d'Atonguia, gendre des fufdits Marquis & Marquife François d'Affife & Donna Eléonor de Tavora. Il y a preuve contre celui-ci, que prefque toutes

les nuits il prenoit part, avec la Comteſſe ſa
femme, aux abominables & ſéditieuſes conférences qui ſe tenoient dans l'Hôtel de ſon beau-
pere & de ſa belle-mere, Marquis & Marquiſe
de Tavora; que c'eſt dans ces conférences, &
par cette ſuſdite belle-mere, qu'il a été ſéduit
au point de ſuivre en tout & par-tout les abominables ſuggeſtions de cette femme, & les
déteſtables enſeignemens des Jéſuites, qui lui
étoient inſinués par les Peres Gabriël Malagrida,
Jean de Matos & Jean-Alexandre, & de conce-
voir une extrême averſion pour la Royale Perſonne, & l'heureux Gouvernement de Sa Majeſté. Il y a preuve encore qu'il a contribué de
huit moëdas, pour l'indigne prix des Aſſaſſins
qui ont tiré les coups ſacrileges, & qu'il eſt
entré dans cette Conjuration avec les Jéſuites
Malagrida, Jean de Matos & Jean-Alexandre.
Il y a preuve enfin, que ce Criminel étoit au
nombre de ceux qui guettoient Sa Majeſté dans
cette malheureuſe nuit du 3 Septembre de l'année derniere, & que la Comteſſe ſa femme ſe
trouva dans cette folle & criminelle aſſemblée,
qui ſe tint, comme on l'a dit ci-deſſus, dans
l'Hôtel du Duc d'Aveiro à Bélem.

XI. Il eſt prouvé que le quatrieme Complice
que les ſuſdits trois Chefs ont attiré dans cette

Conjuration par les moyens ci-deſſus rapportés, eſt Joſeph Marie de Tavora, Aide-de-Camp du Marquis de Tavora ſon pere. Il y a preuve que ce jeune Officier, perverti par la Marquiſe ſa mere, & par les pernicieuſes pratiques dont il étoit témoin dans ſa maiſon, ainſi qu'on l'a fait voir, eſt entré non-ſeulement dans le complot des autres conſpirateurs, en ſe mettant au nombre des mécontens du Gouvernement de Sa Majeſté, mais encore qu'il s'eſt trouvé dans les ſacrileges embuſcades, dreſſées la nuit du 3 Septembre dernier, contre la très-précieuſe vie de Sa Majeſté; qu'il a aſſiſté la même nuit, avec les autres Conjurés, au conventicule qu'ils tinrent auſſi-tôt après l'exécution de leur attentat, dans cette piece de terre qui eſt au nord du jardin du Duc d'Aveiro; & qu'enfin il a été auſſi préſent à cet autre conventicule ou aſſemblée qui ſe tint le lendemain matin dans l'Hôtel du Duc d'Aveiro; & que c'eſt lui qui, entendant traiter de miracle la préſervation de la très-précieuſe vie de Sa Majeſté dans cette circonſtance, proféra ces paroles barbares & féroces: *Certes, s'il eût paſſé dans l'endroit où j'étois, il n'auroit pas échappé.*

XII. Il eſt prouvé que le cinquieme Complice, que les ſuſdits trois Chefs de cette infame Con-

juration ont engagé dans leur complot & dans
le facrilege attentat qui en a été l'effet, eft Braz-
Jofeph Romeiro. Il eft conftant, par fa propre
confeffion, que dès l'année 1749, il demeuroit
avec François d'Affife & Donna Eléonor de Tavora, Marquis & Marquife de ce nom ; que la
même année il partit avec eux pour l'Inde &
en revint ; qu'enfuite il a paffé de leur Maifon
dans celle de leur fils le Marquis Louis-Bernard
de Tavora ; qu'il étoit Capitaine de Cavalerie
dans fon Régiment, Intendant de fa Maifon, &
fon grand favori ; en conféquence de ces qualités, il eft juftifié, par fon propre aveu, que ledit
Marquis Louis-Bernard de Tavora lui avoit fait
confidence de ce qui s'étoit paffé dans la foirée
qui précéda la nuit de l'attentat, dans les conventicules où il avoit affifté avec fon pere & fon
frere ; & encore que lefdits Marquis de Tavora
pere & fils l'avoient chargé, en lui demandant
le fecret, de mener dans les endroits où fe commit le même attentat, les trois chevaux qu'ils
avoient fait préparer & armer. Outre cela, il
y a preuve que ce Criminel fe trouva en perfonne
dans les facrileges embufcades que les Conjurés
avoient dreffées la nuit où fe commit cet exécrable forfait, pour guetter Sa Majefté, & qu'il
étoit dans celle où fe trouvoit le Marquis Fran-

çois d'Affife de Tavora. Il eft encore conftant qu'il affifta au conventicule que tinrent les Conjurés, après être fortis de leurs embufcades, dans la piece de terre qui eft au nord du jardin du Duc d'Aveiro.

XIII. Il eft prouvé que le fixieme & le feptieme des Complices que Jofeph Mafcarenhas, ci-devant Duc d'Aveiro, Chef de cette Conjuration, y a engagés, font les Criminels Antoine Alvarès Ferreira, qui a été valet-de-chambre dudit Jofeph Mafcarenhas, & Jofeph-Polycarpe d'Azévédo, beau-frere dudit Antoine Alvarès. Il y a preuve complette que ledit Jofeph Mafcarenhas avoit donné ordre à Manuel Alvarès fon valet-de-chambre actuel, de lui faire venir ledit Antoine Alvarès fon frere; que celui-ci vint effectivement trouver ledit Jofeph Mafcarenhas; que ledit Jofeph Mafcarenhas étant allé lui parler dans une baraque qui eft derriere le jardin de fon Hôtel de Bélem, il lui donna, en grand fecret, la commiffion d'attendre la chaife qui devoit mener Sa Majefté de *la Quinta* [ou maifon de campagne] *do Meyo* à la *Quinta de Cima*, où eft fon Palais Royal, & de tirer avec ledit Jofeph Mafcarenhas, deux coups de moufqueton contre ladite chaife; qu'ayant enfuite changé d'avis, ils étoient convenus enfemble que ledit Antoine

Alvarès iroit trouver ledit Joseph-Polycarpe son beau-frere, pour l'engager à commettre avec lui le crime exécrable dont il s'agissoit ; ce qui arriva effectivement : de maniere que ces deux scélérats prirent avec ledit Joseph Mascarenhas toutes leurs mesures pour commettre ensemble ce détestable crime ; que pour cet effet, ledit Joseph Mascarenhas les a menés plusieurs fois avec lui, tant à pied qu'à cheval, pour leur faire connoître ladite chaise ; & que, pour s'acquitter de la commission dont il les avoit chargés, il leur avoit donné ordre d'acheter deux chevaux inconnus ; ce que fit effectivement le Criminel Antoine Alvarès, qui en acheta un de Louis d'Orta, demeurant dans la place du Secours, pour quatre moëdas, & un autre d'un Bohémien, demeurant à Marvilla, appellé Emmanuel Soarès, pour quatre moëdas & demie ; que ledit Joseph Mascarenhas leur donna aussi ordre d'acheter des armes qui ne fussent pas connues ; mais que ledit Antoine Alvarès ne jugea pas à propos d'en acheter, aimant mieux se servir avec son beau-frere d'une carabine à lui, & d'une autre qu'il emprunta avec deux pistolets d'un étranger qui demeuroit dans l'Hôtel du Comte d'Unhao, sous prétexte d'en faire l'essai, & qu'il lui rendit après l'exécution de leur

attentat; que ce font-là les armes que lefdits Antoine Alvarès & Jofeph-Polycarpe ont tirées
contre la chaife qui menoit Sa Majefté cette
malheureufe nuit du 3 Septembre de l'année
derniere, dans laquelle fe commit cet exécrable
forfait; que ces deux déteftables fcélérats avoient
reçu, pour prix de leur crime, dudit Jofeph
Mafcarenhas quarante moëdas, une fois feize,
une autre fois quatre, & la derniere fois vingt;
qu'auffi-tôt après qu'ils eurent déchargé leurs
armes fur le derriere de la chaife où étoit Sa
Majefté, Antoine Alvarès & fon fufdit beau-
frere s'enfuirent à toute bride à travers les terres,
jufqu'à la chauffée qui va par derriere la *Quinta
do Meyo*, d'où étant fortis par le chemin de tra-
verfe, appellé *Guarda mor da fande* [Grande
garde du falut], ils fe retirerent dans la Ville
de Lisbonne; que deux jours après, ledit Criminel Antoine Alvarès vint à l'Hôtel du Duc
d'Aveiro, qui lui avoit donné cette funefte commiffion, & qui l'avoit mandé; que celui-ci lui
fit de grands reproches de ce qu'il avoit manqué
fon coup, prononçant en furie, & le doigt fur
la bouche: *Aye foin de te taire, parce que le
Diable lui-même n'en faura rien fi tu n'en parles;*
& qu'il lui recommanda de ne pas vendre fitôt
les chevaux, afin qu'on ne pût rien foupçonner.

De forte qu'il y a preuve complette que ces horribles fcélérats, Antoine Alvarès Ferreira, & fon beau-frere Jofeph-Polycarpe d'Azévédo, font indubitablement les deux exécrables monf-tres qui ont tiré les coups facrileges dont la Royale Perfonne de Sa Majefté a reçu les blef-fures que l'honneur, la fidélité & l'amour filial de fes Sujets ont déplorées avec des larmes infinies.

XIV. Il eft prouvé que le huitieme Complice engagé dans cette Conjuration par le même Jofeph Mafcarenhas, a été le Criminel Emmanuel Alvarès Ferreira, à qui il donna ordre de faire venir, & qui effectivement alla plufieurs fois chercher le facrilege Affaffin Antoine Alvarès Ferreira fon frere. Il y a preuve que ce fut lui qui préfenta audit Jofeph Mafcarenhas la perru-que & le capot avec lefquels il fe déguifa la nuit de l'attentat, fur lequel il a gardé un pro-fond filenée, jufqu'au temps où il a été arrêté, quoique ledit Antoine Alvarès fon frere lui eût donné pleinement connoiffance trois ou quatre jours après l'attentat du 3 Septembre dernier, de la commiffion qu'il avoit reçue dudit Jofeph Marcarenhas pour ce même attentat & cette fa-crilege exécution ; & qu'enfin il eft coupable d'une réfiftance criminelle, pour avoir tiré l'épée à Aceitao, contre le Secrétaire Louis-Antoine de Leire, lorsqu'avec autant d'honneur que de courage, ce Secrétaire arrêta le susdit Joseph Mascarenhas dans le temps qu'il prenoit la fuite.

XV. Il est prouvé que le neuvieme Complice que les Chefs susdits associerent à leur Conjuration, est Jean Michel, laquais & grand confident du susdit Criminel D. Joseph Mascarenhas. Outre qu'il est prouvé qu'un nommé Jean étoit un des Complices de l'assassinat du 3 Septembre dernier, il a été depuis convaincu, par la déclaration de son Maître même, qu'il étoit ce même Jean qui étoit avec lui sous l'arcade, lorsque ledit Joseph Mascarenhas tira contre le Cocher de Sa Majesté le coup qui ne prit pas feu.

XVI. Il est prouvé que c'est par le moyen de toutes ces conspirations, associations & complots ci-dessus rapportés, que les trois Chefs susdits de cette Conjuration & leurs Complices ci-devant nommés, ont prémédité & exécuté l'horrible assassinat de la nuit du 3 Septembre de l'année derniere ; & quoique par la préméditation, la cruauté & la barbarie de cet attentat, il soit en lui-même infiniment atroce, la maniere dont il a été commis & toutes ses circonstances

le rendent encore plus aggravant & plus criminel.

XVII. Il eſt prouvé que les deux Chefs de
cette infame Conjuration, Joſeph Maſcarenhas
& Donna Eléonor de Tavora, ont fait une quête
ſordide, à laquelle ils ont fait contribuer leurs
autres Complices ci-devant nommés, pour former une ſomme de 192,000 reis (1) donnée
aux deux barbares & féroces Aſſaſſins Antoine
Alvarès Ferreira & Joſeph-Polycarpe, pour le
prix de leur crime : que le Criminel Louis-Bernard de Tavora avoit envoyé deux jours avant
l'aſſaſſinat deux chevaux tout prêts à monter,
que l'on avoit mis, pour s'en ſervir à commettre ce crime, dans l'écurie dudit Criminel Joſeph
Maſcarenhas ; que le Criminel François d'Aſſiſe
de Tavora avoit envoyé à la même écurie dudit
Criminel Joſeph Maſcarenhas trois autres chevaux qui furent menés par le Capitaine Braz-
Joſeph Romeiro, & par le Poſtillon Antoine-
Joſeph ; que la même nuit, ledit Joſeph Maſcarenhas avoit fait auſſi préparer & mener ſur
les terres qui ſont derriere la baraque de ſon

----

(1) Le *Reis* eſt une petite monnoie de Portugal qui vaut
un denier & demi de France ; les 192,000 reis, valent 1200
liv. de notre monnoie.

Secrétaire Antoine - Joſeph de Matos, quatre autres chevaux de ſa propre écurie, leſquels il appelloit *Serra, Guardamor, Pailhava & Coimbra*; que ces neuf chevaux, avec ceux des deux infames & cruels Aſſaſſins Antoine Alvarès & Joſeph-Polycarpe faiſoient le nombre de onze chevaux, ſans compter ceux qui étoient montés par les autres Complices; que ces Criminels s'étant partagés en différentes bandes, ſe mirent en embuſcade dans ce petit eſpace de terre, qui eſt entre l'extrêmité ſeptentrionale des bâtimens de la maiſon de campagne, appellée *do Meyo*, & l'extrêmité méridionale de l'autre maiſon, appellée *de Cima*, par laquelle le Roi a coutume de rentrer quand il ſort ſans cortege, comme cela eſt arrivé la nuit de l'horrible attentat dont il s'agit; embuſcades qui étoient diſpoſées de maniere que ſi Sa Majeſté eût échappé aux deux premieres, Elle ne pouvoit manquer de périr dans celles par leſquelles Elle devoit paſſer enſuite.

XVIII. Il eſt prouvé que Sa Majeſté ayant paſſé le coin de l'extrêmité ſeptentrionale de la maiſon *do Meyo*, le ſuſdit Chef de la Conſpiration, Joſeph Maſcarenhas, ſortit incontinent de deſſous l'arcade où il ſe tenoit caché, accompagné de ſon laquais & confident Jean-Michel,

& d'un autre de ſes Complices, & qu'il tira contre le Cocher ou Poſtillon Cuſtodio da Coſta,
qui menoit la chaiſe de Sa Majeſté, un coup
de bracmare [1] ou carabine, qui ne prit pas
feu ; ce dont le Poſtillon s'étant apperçu par le
bruit que fit cette arme & par les étincelles qui
jaillirent de la pierre, il ſe mit, ſans rien dire à
Sa Majeſté de ce qu'il avoit vu & entendu, à
preſſer ſes mules avec toute la vivacité poſſible,
pour pouvoir éviter les autres coups qu'il ap-
préhendoit, ne pouvant pas douter que ce ne fût
ſur lui, & à deſſein de le tuer, qu'on avoit tiré
le coup qui étoit demeuré ſans effet ; ce que
l'on a tout ſujet de regarder comme un premier
miracle accordé dans cette funeſte nuit par la
Toute-Puiſſance Divine à ces Royaumes, pour
la préſervation de la précieuſe vie de Sa Majeſté.
En effet il auroit été impoſſible qu'Elle eût
échappé, ſi ſon Poſtillon eût été tué de cet infame coup. Alors ſans doute Sa Majeſté auroit
été ſacrifiée par les mains de ces horribles monſtres, qui s'étoient armés contre ſon auguſte &
très-précieuſe vie, dans tant d'embuſcades ſi voi-
ſines les unes des autres.

---

[1] Eſpece de carabine qu'on charge d'une quantité de balles
ou de mitraille.

XIX. Il eſt prouvé qu'à cauſe de la vîteſſe extrême avec laquelle le Poſtillon ſe hâta de ſe mettre à couvert des autres coups dont il ſe voyoit menacé, les deux féroces Aſſaſſins Antoine Alvarès & Joſeph-Polycarpe qui étoient embuſqués auprès de la breche du mur neuf, réparée depuis peu, ne purent tirer leurs coups auſſi facilement qu'ils l'avoient eſpéré ſur la chaiſe du Roi, ni choiſir un lieu aſſez commode pour le faire avec ſuccès. Etant donc obligés de ſuivre la chaiſe au galop, ils tirerent comme ils purent ſur le derriere de la chaiſe, les deux ſacrileges & exécrables coups qui cauſerent dans cette voiture & les habits du Roi tout le déſordre énoncé dans les Procès-verbaux, qui en ont été dreſſés pour conſtater le corps du délit. Ces deux coups firent ſur la Perſonne de Sa Majeſté de cruelles & dangereuſes bleſſures, depuis l'épaule droite, juſqu'au coude en dehors & en dedans du bras, & même ſur le corps où ſix grains pénétrerent. Une partie conſidérable des chairs fût emportée par la groſſe mitraille dont Sa Majeſté fut frappée en différens endroits, où elle fit de grands déchiremens & de larges trous, d'où ſortit enſuite quantité de cette dangereuſe munition. Ce qui d'une part met en évidence la cruauté avec laquelle on a préféré la groſſe mi-

traille

traille à de simples balles, pour affurer davantage le fuccès de ce barbare & facrilege attentat, & fait voir, d'une autre part, un fecond miracle évident que la Toute-Puiffance Divine a opéré dans cette malheureufe nuit, pour le bien général des Royaumes & Etats de Sa Majefté. En effet, il n'eft point dans l'ordre des événemens ordinaires, & le hafard feul ne peut faire qu'il puiffe entrer deux décharges de carabines, chargées de groffe mitraille, dans un efpace auffi étroit que le dedans d'une chaife, fans faire périr totalement & abfolument les perfonnes qui y font. Il eft donc bien évident que la feule main du Tout-Puiffant a pu avoir la force dans un fi funefte événement de détourner affez de pareils coups, pour que l'un d'eux n'ait fait qu'enlever la partie extérieure de l'épaule & du bras, & que l'autre, en paffant entre le même bras & le côté droit du corps, n'en ait offenfé que les chairs, fans bleffer aucune partie principale.

XX. Il eft prouvé que ce fecond miracle fut auffi-tôt fuivi d'un troifieme, égal, & même plus grand, dans lequel Dieu Notre-Seigneur, par un bienfait incomparable, daigna faire fervir, dans une conjonéure fi critique, le courage héroïque & l'admirable conftance qui brillent fi

merveilleufement entre les Royales & très-au-
guftes vertus de Sa Majefté, à la confervation
de fa vie fi néceffaire à notre bonheur. Ces Royales vertus fervirent en effet d'inftrument à la
Toute-Puiffance Divine, pour nous manifefter
les prodiges de fa bonté dans ce moment fi terrible. Le Roi non-feulement fouffrit fans dire un
feul mot, & fans faire la moindre plainte, des
coups fi peu attendus & fi douloureux ; mais
Sa Majefté fit fur le champ réflexion que tous
les pas qui l'approchoient de fon Palais l'éloi-
gnoient de fon premier Chirurgien, qui demeure
à Junqueira, & que la quantité de fang qu'il
perdoit ne pouvoit lui donner le temps d'aller
jufqu'à fon Palais de Notre-Dame d'Ajuda, d'envoyer de-là chercher fon Chirurgien à Junqueira,
& de le faire venir de ce lieu à fon Palais. En
conféquence Sa Majefté prit à l'inftant la prodi-
gieufe réfolution d'ordonner à fon Poftillon de
tourner bride, & de la mener au plus vîte chez
fon Chirurgien. Dès qu'elle fut arrivée, Elle ne
voulut pas permettre qu'on vifitât fes bleffures,
qu'Elle n'eût auparavant reçu le Sacrement de
Pénitence, & rendu grace à Notre Souverain
Maître, aux pieds du Prêtre à qui Elle fe con-
feffa, du bienfait incomparable par lequel la vie
venoit de lui être confervée dans un danger fi

éminent. Après s'être acquitté de ce premier devoir, le Roi se mit entre les mains de son Chirurgien, & avec le même silence, la même tranquillité, la même constance, il souffrit toutes les opérations du pansement dont le succès fut encore un effet de la bonté Divine, qui, par ce moyen & pour notre consolation, nous a procuré la conservation de la vie si précieuse & si bienfaisante de notre Monarque. C'est ce silence héroïque de Sa Majesté, dans le temps de l'attentat commis contre sa Personne, & cette résolution que la lumiere divine lui inspira de revenir sur ses pas après ce cruel assassinat, que nous avons tout sujet de regarder comme le troisieme miracle de la Divine Toute-Puissance; puisque ce fut le moyen par lequel Sa Majesté évita les autres dangers auxquels Elle n'auroit pu échapper, si Elle eût suivi son chemin pour arriver à son Palais, vu qu'Elle n'auroit pas manqué d'y rencontrer les autres troupes des Conjurés qui s'y étoient postés en embuscade pour l'y attendre, au cas qu'Elle eût échappé aux premiers qui la guettoient.

XXI. Il est prouvé que les susdits Criminels qui s'étoient associés pour l'exécution de cet énorme & détestable complot, étoient cruellement & inhumainement endurcis, & pleinement abandonnés de la grace de Dieu. Car, d'une part, après s'être séparés par divers sentiers & routes détournées, ainsi qu'il est prouvé par les Pieces du Procès, ils se réunirent encore la même nuit dans le chemin qui passe à l'extrémité septentrionale du jardin dudit Criminel Joseph Mascarenhas; & là, bien loin de donner aucun signe de douleur & de repentir à la vue de l'horrible crime qu'ils venoient de commettre, ils se livrerent au contraire les uns & les autres à toutes sortes de bravades & d'insolences. Le Criminel Joseph Mascarenhas, ci-devant Duc d'Aveiro, se mit à frapper en furie sur le pavé avec la carabine qui n'avoit pas pris feu, lorsqu'il tira sur le Postillon de Sa Majesté Custodio da Costa, en proférant, plein de colere & de rage contre cette carabine, ces paroles infernales : *Que tous les Diables t'emportent, puisque c'est ainsi que tu me sers.* Et le Criminel François d'Assise, ci-devant Marquis de Tavora, témoignant quelque doute si Sa Majesté n'auroit pas été tuée des coups sacrileges qui avoient été tirés, le même Criminel Joseph Mascarenhas lui répondit par ces autres paroles infernales: *N'importe, s'il n'est pas mort, il mourra.* A quoi un autre des Complices ajouta d'autres discours pleins de blasphêmes & de menaces, tandis que Jofeph-Marie de Tavora, l'un des Criminels, s'informoit avec un air fort inquiet, pourquoi Jean-Michel, l'un des Complices, n'étoit pas encore arrivé. D'une autre part, ils fe raffemblerent tous le lendemain matin dans l'Hôtel dudit Criminel Jofeph Mafcarenhas, où ils tinrent avec leurs parens cette efpece de conventicule dont on a parlé ci-deffus, & continuerent à donner des marques de leur inflexible cruauté, de leur barbare défefpoir, & de la privation déplorable où ils étoient de la grace de Dieu. Les uns y blâmoient fort les Affaffins Antoine Alvarès & Jofeph-Polycarpe, de n'avoir pas tiré leurs coups, de maniere à confommer leur pernicieux deffein; les autres fe vantoient qu'ils en feroient certainement venus à bout, fi le Roi avoit paffé dans les endroits où ils s'étoient mis en embufcade pour l'attendre; les autres enfin repaiffoient leur barbarie de cette cruelle réflexion, que le Roi n'auroit affurément pas manqué de perdre la vie, s'il eût fuivi le chemin par où il a coutume de fe retirer dans fon Palais, au lieu de rétrograder, comme il avoit fait, par la chauffée d'Adjuda pour aller à Junqueira.

XXII. Il eft prouvé que, quand même on n'auroit pas pu acquérir, comme il arrive quelquefois dans des cas femblables, toutes les preu-

ves furabondantes & décifives que l'on a rap-
portées ci-deffus, & qui fe trouvent dans les
Actes qui ont vérifié, par un autre miracle évident, l'exiftence de cette horrible Conjuration
& des crimes de chacun des Coupables, il y
auroit dans cette affaire des préfomptions de
droit fuffifantes pour opérer la condamnation
des Chefs de cette même Conjuration, & leur
faire fubir toutes les peines portées par le droit,
& de plus grandes encore, s'il plaifoit à Sa Majefté de les permettre ; attendu que chacune de
ces préfomptions de droit eft réputée pour vérité certaine, & pour preuve pleine & très-évidente, qui décharge de l'obligation d'en chercher aucune autre, & qui accable tellement ceux
qui ont contre eux de femblables préfomptions,
qu'elle les met dans l'obligation d'y oppofer des
preuves contraires qui aient affez d'efficace &
de force pour être décifives & convaincantes.
Or, l'affaire préfente offre, non une feule, mais
une multitude de préfomptions de droit contre
les Chefs de cette Conjuration, & fur tout contre le Criminel Jofeph Mafcarenhas, ci-devant
Duc d'Aveiro, & contre les Religieux pervertis
de la fainte Compagnie de Jefus.

XXIII. Il eft prouvé, pour confirmer ce que
l'on vient de dire, qu'en partant de cette pré-

fomption de droit que celui qui a été méchant une fois, le fera toujours, & doit être par conféquent regardé comme capable de commettre toutes les méchancetés du genre de celles qu'il a déjà commifes, l'on ne peut difculper les perfonnes dont il s'agit; puifque l'on a la preuve, non pas d'une feule, mais d'une multitude d'injuftes entreprifes que les deux Chefs de cette Confpiration ont ci-devant machinées contre l'augufte Perfonne & le très-heureux Gouvernement du Roi, & qui font démontrées par une fuite continuelle d'actions par eux commifes dès le commencement du Regne de Sa Majefté.

XXIV. Il eft prouvé, quant à ce qui regarde lefdits Religieux Jéfuites, que dès qu'ils ont vu que la fublimité des lumieres, & l'incomparable difcernement du Roi leur ôtoit entiérement l'efpérance de conferver dans cette Cour le pouvoir defpotique qu'ils s'y étoient arrogé dans toutes les affaires; & que cependant fans ce defpotifme abfolu il leur étoit impoffible de cacher les ufurpations qu'ils avoient faites fur la Couronne Portugaife en Afrique, en Amérique & en Afie, & beaucoup moins encore de pallier la guerre déclarée, qu'ils ont allumée au Nord & au Midi des Etats du Bréfil, ils fe font livrés auffi-tôt à tramer les intrigues & à forger les

suggeſtions les plus calomnieuſes & les plus déteſtables, contre la haute réputation de Sa Majeſté,
& le repos public de ces Royaumes, dans le
deſſein d'aliéner de la Perſonne & du Service
du Roi, les eſprits de ſes Sujets, & de lui ſuſ-
citer des ennemis dans les Pays étrangers. A quoi
ils ont ajouté à diverſes repriſes d'exécrables projets, tendant à exciter des ſéditions dans l'intérieur même de cette Capitale & dans le Royaume, & d'attirer ſur ce même Royaume & ſur les
Sujets de Sa Majeſté le fléau de la guerre. Ce qui
oblige néceſſairement de conclure que les ſuſdits
Religieux étant convaincus d'avoir commis tous
ces crimes contre le Roi notre Seigneur, &
contre ſes Royaumes, il eſt indiſpenſable de leur
faire l'application de cette regle & préſomption
de droit : *Semel malus, ſemper præſumitur malus
in eodem genere mali,* dont la conſéquence indu-
bitable ſeroit, quand il n'y en auroit pas d'autres
preuves, que ce ſont eux qui ont machiné l'attentat dont il s'agit, tant qu'ils ne démontreront
pas, par des preuves concluantes, que d'autres
qu'eux en ont été les auteurs.

XXV. Ce qui appuie encore davantage ce
que l'on vient de dire, c'eſt cette autre préſomption de droit, qu'un grand crime ne ſe commet pas ſans un grand intérêt. L'effet de cette

préfomption eft que lorfque quelqu'un fe trouve avoir intérêt à un crime, on doit préfumer que c'eft lui qui l'a commis, à moins qu'il ne prouve évidemment qu'un autre que lui en eft l'auteur. Or, les fufdits Religieux ayant tous ces grands intérêts qu'on vient d'expofer, & qui fe font encore manifeftés par leurs propres actions; ayant, difons-nous, ces grands intérêts à cette Conjuration, dont l'objet étoit de faire ceffer la vie de Sa Majefté, & fon très-heureux Gouvernement, la préfomption de droit que l'on vient d'alléguer, quand elle feroit feule, pourroit fervir de preuve très-évidente & conforme au droit, que lefdits Religieux ont été les auteurs de cet exécrable forfait; fur-tout fi l'on confidere que l'ambition qu'ils ont eue d'ufurper les Domaines de ces Royaumes, peut feule avoir quelque proportion & parité, avec l'attentat malheureufement commis la nuit du 3 Septembre dernier.

XXVI. Une chofe confirme encore, d'une maniere plus fenfible, les preuves qui fe trouvent contre ces Religieux dans les Actes du Procès, & celles qui réfultent auffi contr'eux des préfomptions de droit que l'on a expofées ci-deffus, & donne à toutes ces preuves une force invincible, c'eft le contrafte frappant qu'ils ont mis dans leur conduite. D'une part, dès le moment où le

Roi rompit & déconcerta tous les mauvais deffeins de ces Religieux, en deftituant de leur
Emplôi ceux qui étoient Confeffeurs de la Famille Royale, & en interdifant à tous les autres
Religieux de la même Compagnie l'entrée de
fa Cour, on les vit, au lieu de s'humilier comme
ils l'auroient dû en s'appercevant combien l'on
étoit défabufé, faire tellement tout le contraire,
que publiquement & infolemment ils affecterent
un accroiffement d'orgueil & d'arrogance. Ils
fe vantoient ouvertement que plus la Cour s'é-
garoit en les rejetant, plus la Nobleffe s'uniffoit
à eux. Ils menaçoient la Cour avec une égale
publicité des punitions de Dieu, & pour en
venir à leurs fins, ils débitoient en perfonne &
par leurs adhérens jufqu'à la fin du mois d'Août
dernier, que la vie de Sa Majefté ne feroit pas
de longue durée ; & prefque à chaque Courrier
ils donnoient avis dans tous les Pays de l'Europe
que le mois de Septembre feroit le dernier de
cette augufte & très-précieufe vie. En même-
temps Gabriël Malagrida écrivoit à différentes
perfonnes de cette Capitale, ces affreufes prédictions avec un ton de Prophete. Mais, d'une
autre part, dès qu'ils virent les Coupables de
l'horrible Conjuration, arrétés dans la matinée
du 13 Décembre dernier, ces Religieux chan-

gerent auſſi-tôt de conduite & de ton. Dès le 19 Décembre, le Provincial Jean Henriquès & quelques autres Jéſuites, qui auparavant mandoient par-tout ces bravades, ces inſolences & ces prophéties de punitions & de mort, firent partir pour Rome des Lettres remplies des expreſſions les plus humbles, & qui prouvoient leur extrême abattement. Ils y donnoient avis que l'on avoit arrêté les Marquis de Tavora & d'Alorna, le Comte d'Atonguia, Emmanuel de Tavora, le Duc d'Aveiro & autres, pour l'attentat du 3 Septembre dernier; que les Maiſons de leur Société étoient inveſties de Soldats; qu'ils avoient un extrême beſoin que leurs Peres de Rome les recommandaſſent à Dieu; qu'ils ne pouvoient éviter ce qu'ils craignoient; que toute leur Communauté étoit au comble de l'affliction, & qu'ils recouroient tous aux Exercices du Pere Malagrida; que tout le monde vouloit qu'ils fuſſent Complices de l'attentat du 3 Septembre, & prononçoit contre eux des condamnations de priſon, de ſupplices & d'une entiere expulſion de la Capitale & du Royaume; qu'ils ſe trouvoient livrés aux plus cruelles angoiſſes, & à la calamité la plus extrême, plongés dans la douleur, & ſaiſis d'épouvante, ſans aucune conſolation, ſans aucune eſpérance, &c.

En comparant, comme il eſt facile de le faire, deux manieres auſſi différentes de s'exprimer & d'écrire, & deux langages auſſi oppoſés que celui qu'ils tenoient avant l'attentat, & celui qu'ils ont tenu depuis la découverte de la Conjuration, il réſulte de ce contraſte la démonſtration la plus claire & la plus évidente. Elle force indiſpenſablement de conclure qu'avant l'attentat ils étoient pleins de confiance dans la Conjuration qui s'eſt terminée à cet horrible crime, & d'eſpérance qu'elle produiroit ſon pernicieux effet; & c'eſt ce qui leur inſpiroit ces diſcours & ces Lettres ſi remplies d'orgueil & d'arrogance, c'eſt ce qui leur faiſoit prendre le ton de Prophete, & débiter tant de funeſtes & ſacrileges prédictions. Mais dès que les ordres donnés le 13 Décembre dernier pour arrêter les Conjurés leur eurent fait voir qu'ils étoient découverts, que ceux qui avoient trempé avec eux dans la Conjuration étoient perdus, & qu'eux-mêmes ne pouvoient éviter les châtimens qu'ils méritoient, toute cette intrigue chimérique, ce vain édifice de ſuperbe & d'inſolence tomba néceſſairement; & du comble de l'audace ces Peres paſſerent à cet abattement qu'entraîne après elle la conviction du crime, & l'impuiſſance de trouver des moyens pour le couvrir, & ſoutenir hypocriſie avec laquelle on l'a commis.

XXVII. Il eſt prouvé, quant à ce qui concerne l'autre Chef de la même Conjuration,
Dom Joſeph Maſcarenhas, ci-devant Duc d'A-
veiro, qu'il ſe trouveroit auſſi dans le cas d'être
condamé par la ſeule conviction qu'opéreroient
contre lui les preuves complettes qui réſultent
des mêmes préſomptions de droit, quand même
il n'y auroit rien de plus à lui objecter. Tout
le poids de la premiere deſdites préſomptions
qui eſt relative à la méchanceté & à la conduite
de ce même Criminel retomberoit ſur lui, puiſqu'il eſt notoire qu'avant la mort du Roi Jean V,
de glorieuſe mémoire, comme dans le temps
que mourut cet auguſte Monarque, & auſſi-tôt
après ſon décès & juſqu'à ce jour, ce Criminel
eſt convaincu d'avoir ourdi une infinité d'intrigues & de cabales, dont il a rempli la Cour du
Roi notre Seigneur, dans le deſſein de ſurpren-
dre & de croiſer les réſolutions de Sa Majeſté,
tant dans les Tribunaux que dans le Conſeil,
par le moyen des Miniſtres & autres perſonnes
de la faction de ſon oncle, le Pere Gaſpard de
l'Incarnation, & de la ſienne propre, afin que
la vérité ne pût parvenir à la connoiſſance du
Roi, & que Sa Majeſté ne pût s'arrêter à aucune déciſion qui ne fût obreptice, ſubreptice,

& appuyée fur de faux avis & des Mémoires captieux. La feconde defdites préfomptions n'eft pas moins décifive contre lui, parce que les puiffans motifs & les grands intérêts qui ont pu le porter à commettre fon crime exécrable, ne font, comme on l'a fait voir, que trop manifeftes & trop évidemment prouvés par les Actes du Procès. Et pour achever de fe convaincre par les propres actions de ce Criminel, de la part qu'il a eue au monftrueux attentat dont il s'agit, il fuffit de lui appliquer la remarque que nous avons faite plus haut fur le contrafte qui s'eft trouvé dans la conduite des Religieux Jéfuites. En effet, il eft certain d'une part, qu'avant ledit attentat la fuperbe & l'arrogance de ce Criminel étoient auffi outrées & auffi fcandaleufes que celles de ces Peres, comme tout le monde le fait; & d'autre part, il eft également certain que cet exécrable attentat n'ayant pas produit l'horrible effet que fes auteurs en avoient attendu, & la convalefcence du Roi faifant d'heureux progrès, à cette fuperbe & à cette arrogance ont fuccédé un tel abattement & une telle confternation, que ledit Criminel n'ayant plus l'affurance de paroître à la Cour, s'en eft retiré plein de confufion & de frayeur, pour fe réfugier dans sa maison d'Aceitao, où il a été arrêté, après avoir d'abord essayé de se sauver, & fait ensuite une folle résistance.

XXVIII. Il est enfin prouvé que les mêmes principes ont toute leur force contre Donna Eléonor de Tavora, ci-devant Marquise de ce nom, & troisieme Chef de cette infame Conjuration. Il est notoire, d'une part, que son esprit de superbe diabolique, d'ambition insatiable, & d'orgueil téméraire & intrépide, au-delà de ce qu'on a vu jusqu'à présent dans toutes les personnes de son sexe, peut & doit la faire soupçonner avec raison, capable des plus grands crimes, & en particulier de celui dont il s'agit. Il est également notoire qu'étant excitée par ces aveugles & très-ardentes passions, elle a eu l'audace de représenter avec son mari, au Roi notre Souverain, qu'il devoit le faire Duc pour les services qu'ils avoient rendus à l'Etat, bien que ces services fort peu importans eussent été amplement récompensés par Sa Majesté dès l'année 1749, lorsqu'elle envoya dans l'Inde ces deux Criminels. Cette prétention étoit d'autant plus étrange, qu'il n'y avoit aucun exemple dans les Chancelleries de ce Royaume qu'aucune personne eût jamais obtenu le titre de Duc en récompense de services bien plus considérables,

tels que ceux qu'ont rendus à la Couronne &
à la Nation les grands Hommes qui ont illustré
l'Hiſtoire Portugaiſe par leurs exploits. Il eſt encore notoire que ces deux Criminels, ſans diſ-
crétion & ſans pudeur, n'ont ceſſé de perſécuter
le Secrétaire d'Etat des Affaires du Royaume,
pour leur délivrer cette Patente qu'ils ſollici-
toient avec autant de hauteur & de vivacité,
que ſi c'étoit une dette de juſtice, quoiqu'elle
ne fût pas même compriſe au nombre des graces qu'on peut réguliérement demander. Il eſt
encore également certain que ce même Secrétaire d'Etat fut obligé pour modérer leurs vives
inſtances & les reproches que lui attiroit ſon juſte
refus, de faire comprendre avec autant de poli-
teſſe que de décence à ces mêmes Criminels, que
leur prétention n'avoit pas d'exemple qui pût
l'autoriſer. Ce fut pour avoir été ainſi fruſtée de
ſa demande, & déſabuſée en dépit de ſa paſſion
& de ſon intérêt, que ladite Marquiſe Donna
Eléonor alla ſe réconcilier avec le Duc d'Aveiro,
& ſe mit au nombre des Chefs de la barbare
Conjuration, dont il avoit formé le projet, afin
d'obtenir par la faveur de ce même Duc, après
le renverſement de la Couronne & de la Monarchie, le titre de Ducheſſe, par lequel elle
avoit une ſi grande envie de s'égaler à ce Duc

ſon

son beau-frere. Il est enfin également notoire que cette superbe, cette ambition & cet orgueil qui avoient tant éclaté jusqu'à la funeste époque de l'horrible attentat du 3 Septembre dernier, firent place au découragement, & se changerent après cet attentat en une confusion & un abattement manifeste.

XXIX. Vu tout ce que dessus, avec le surplus des Actes & Pieces, & la résolution prise par Sa Majesté en ce Conseil & Tribunal, de lui donner la jurisdiction & autorité nécessaires pour infliger à ces infames & sacrileges Coupables des peines proportionnées, autant que faire se peut, à leurs crimes exécrables & scandaleux:

Nous avons condamné le Criminel Joseph Mascarenhas, déjà dénaturalisé & privé des honneurs & privileges de Portugais, Vassal & Sujet du Roi, dégradé de l'Ordre de Saint-Jacques dont il étoit ci-devant Commandeur, & renvoyé à ce Tribunal & à la Justice séculiere qui s'y exerce, à être, comme l'un des trois Chefs principaux de cette infame Conjuration & de l'abominable attentat qui en a été l'effet, mené la corde au cou, précédé d'un Crieur public, à la place de *Caës* du lieu de Bélem, où, sur un échafaud qui y sera dressé & élevé, de maniere que son châtiment puisse être vu de tout le Peuple qu'il a tant offensé & scandalisé par son crime exécrable, il sera rompu vif, & aura les bras & les jambes cassées; après quoi il sera mis sur une roue, pour la satisfaction des Sujets présens & à venir de ce Royaume; & après cette exécution, il sera brûlé vif, avec l'échafaud sur lequel il aura été justicié, jusqu'à ce que le tout soit réduit en cendres, qui seront jetées dans la mer, afin que de lui & de sa mémoire il ne reste aucune trace ni connoissance. Et, quoique pour ses crimes de rebellion, de sédition, de haute trahison & de parricide, il ait déjà été condamné, par le Tribunal des Ordres, à la confiscation & perte de tous ses biens, au profit du Trésor & de la Chambre Royale, comme il se pratique en cas semblables de crimes de leze-majesté au premier chef, cependant, attendu qu'un crime aussi inopiné, aussi extraordinaire & aussi horrible que celui dont il s'agit, n'a point été prévu par les Loix, qui en conséquence n'ont rien prononcé à cet égard, & n'ont statué aucune peine qui soit proportionnée à son incroyable énormité; à raison de quoi Sa Majesté a été suppliée par ce Conseil & Tribunal, à l'avis duquel Elle a daigné se conformer, de lui accorder une plénitude de jurisdiction qui lui donne pouvoir d'ordonner toutes les peines qu'à la pluralité des

voix il jugera convenables, outre celles qui font
portées par les Loix & difpofitions de droit : Et
encore, attendu qu'il eft très-conforme au droit
de prendre tous les moyens poffibles pour noircir & effacer de la mémoire des hommes le nom
& le fouvenir d'auffi énormes Criminels ; Nous
avons ordonné, conformément aux peines du
droit commun, que toutes les armoiries & écuf-
fons de ce même Criminel Jofeph Mafcarenhas, foient abattus & mis en pieces, en quelques lieux qu'ils fe trouvent placés ; que fes Hô-
tels, maifons & autres lieux d'habitation, foient
démolis & rafés, de maniere qu'il n'en refte
aucun veftige, & qu'ils foient réduits en champs
qui feront femés de fel. Nous avons encore
ordonné que tous les biens, libres ou fubftitués,
par lui poffédés, & dont il jouiffoit, en quelque
lieu qu'ils foient fitués, & qui proviennent de
la Couronne, de quelque maniere & à quelque
titre que ce foit, même ceux qui auroient été
compris dans les donations faites à la Maifon
d'Aveiro, & autres femblables, foient confif-
qués, réunis & incorporés de droit & de fait à
la Couronne, de laquelle ils ont été détachés ;
& ce nonobftant l'Ordonnance du *Liv.* 5, *tit.*
5, §. 15, & toutes autres difpofitions de droit,
claufes & conditions d'inftitutions & donations,

quelque abſolues & irritantes qu'elles puiſſent
être : à l'effet de quoi, Sa Majeſté ſera très-
humblement ſuppliée dĕ caſſer & annuller leſdits titres, & d'ordonner qu'ils ſoient tirés de
la Tour de Tombo [1], & de tous autres dé-
pôts où ils pourroient ſe trouver, afin que l'on
ne puiſſe plus en extraire aucune copie, ni même
produire en Jugement ou hors d'icelui, des copies qui en ſeroient déjà extraites, & qui pourroient ſe trouver dans les mains des particuliers,
auxquelles copies ne ſera ajoutée foi ni valeur
aucune, à l'effet d'être alléguées, citées & pro-
duites en aucun Tribunal ou Jugement ; & qu'au
contraire, auſſi-tôt qu'on les voudroit faire paroître, elles ſoient ſaiſies, ſéqueſtrées & remiſes
entre les mains du Procureur de la Couronne,
pour être biffées & lacérées, comme nulles &
incapables de produire aucun effet. Nous avons
en outre ordonné, en ce qui concerne les biens
féodaux, de quelque nature qu'ils ſoient, qu'ils
ſoient vendus au profit du Domaine de la Couronne, ſelon ce qui a été établi ſur ce ſujet,
par l'Ordonnance du *Liv. V, tit.* 1. S. 1 ; &
quant à ce qui regarde les Majorats, ou biens de

---

[1] C'eſt dans cette Tour que ſont placées les Archives
de la Couronne.

fubſtitution perpétuelle, formés des biens patrimoniaux de ceux qui les ont fondés, il eſt ordonné que l'on obſervera, au profit de ceux qui doivent y fuccéder, ce qui eſt déterminé par l'Ordonnance du *Liv. V. tit. 6*, §. 15.

Nous avons condamné aux mêmes peines le Criminel Francois d'Aſſiſe de Tavora, auſſi Chef de la même Conjuration, dans laquelle il a été engagé par ſa femme, & qui a déjà été pareillement dénaturaliſé, dégradé, & renvoyé par le Tribunal des Ordres à ce Conſeil, & à la Juſtice féculiere qui s'y exerce. Et conſidérant avec toute la réflexion & la circonſpection indiſpenſablement requiſes en pareil cas, que non-feulement ledit Coupable & ſa criminelle époufe ſe ſont perſonnellement faits Chefs de cette infame Conjuration, trahiſon & parricide, mais encore qu'ils ont rendu toute leur famille complices de ces crimes énormes, en y aſſociant la plus grande partie de cette même famille, & ſe vantant, avec une folle & infolente vanité, que l'union d'icelle leur fuffifoit pour venir à bout de cet horrible entrepriſe: Nous avons ordonné qu'à compter du jour de la publication de ces préfentes, aucune perfonne, de quelque état & condition qu'elle ſoit, ne puiſſe jamais porter le nom de *Tavora*, ſous peine de con-

fifcation de tous fes biens, au profit du Tréfor
& de la Chambre Royale, d'être déclaré Etrangers aux Royaumes & Etats de Portugal, & de
perdre tous les privileges qui lui auroient appar-
tenu en qualité de Citoyen naturel des mêmes
Royaumes.

Quant aux deux monftres féroces, Antoine
Alvarès Ferreira, & Jofeph Polycarpe d'Azévédo, qui ont tiré les facrileges coups dont Sa
Majefté a été bleffée, Nous avons ordonné qu'ils
feroient conduits, la corde au cou, & précédés
d'un Crieur public, à la même place de *Caës*,
dans laquelle Nous les avons condamnés à être
attachés à deux poteaux élevés, autour defquels
on allumera un feu qui les confumera tout vifs,
jufqu'à ce que leurs corps foient réduits en cendres, qui feront jetées dans la mer, en la forme
fufdite. En outre, Nous prononçons qu'ils ont
encouru les peines de confifcation de tous leurs
biens, au profit du Tréfor & de la Chambre
Royale, de démolition des maifons où ils demeuroient, & qui feront rafées fi elles leur appartiennent, auquel cas il fera femblablement
femé du fel fur la place où elles étoient. Et
parce que le Criminel Jofeph-Polycarpe eft fugitif, Nous le déclarons banni, & Nous enjoi-
gnons à tous les Officiers de Juftice de Sa Ma-

jefté de convoquer contre lui tous leurs Jufti-
ciables pour le prendre, fi faire fe peut, & par
quelques moyens que ce foit, finon pour le
tuer, ce qui fera permis à tous, fans avoir contre lui aucune haine perfonnelle ; & au cas qu'é-
tant arrêté dans les Terres & Domaines de ce
Royaume, il foit repréfenté au Confeiller du
Roi [*Defembargador do Paço*] Pedro Gonfalves
Cordeiro Pereira, Juge de l'Inconfidence, celui-ci fera compter fur le champ à la perfonne
ou aux perfonnes qui repréfenteront le fufdit
fugitif, la fomme de 10,000 cruzades, & celle
de 20,000, au cas qu'il foit pris en Pays étranger, & le tout fans préjudice de leurs frais de
voyage, qui leur feront auffi remboursés.

Nous condamnons les Criminels Louis-Bernard de Tavora, D. Jérôme d'Ataïde, Jofeph-
Marie de Tavora, Braz-Jofeph Romeiro, Jean
Michel & Manuel Alvarès, à être menés, la
corde au cou, & précédés d'un crieur public,
à l'échafaud qui fera dreffé pour ces exécutions ;
fur lequel, après avoir été étranglés, ils auront
les bras & les jambes rompus, après quoi ils feront mis fur des roues, leurs corps brûlés, &
leurs cendres jetées dans la mer en la forme
fufdite. Nous les condamnons en outre à la
confifcation & perte de tous leurs biens, au

profit du Trésor & de la Chambre Royale, encore que lesdits biens fussent des substitutions
provenantes des biens de la Couronne, en la
maniere ci-dessus déclarée, & même féodaux de
leur nature, & déclarons que leurs enfans & pe-
tits-enfans ont encouru l'infamie. Nous ordonnons encore que les maisons où ils demeuroient
seront démolies, rasées, & leurs places semées
de sel, si elles leur appartiennent; & que toutes
les armoiries & écussons de ceux d'entr'eux qui
en ont eu jusqu'ici, seront abattus & mis en
pieces.

Et quant à la Criminelle Donna Eléonor de
Tavora, femme du Criminel François d'Assise
de Tavora, pour aucunes justes considérations
qui l'ont fait décharger des peines plus graves
que méritoit l'énormité de ses crimes, Nous
l'avons seulement condamnée à être mênée, la
corde au cou, & précédée d'un Crieur public,
sur le susdit échafaud, où elle subira la peine de
mort, par la séparation de la tête d'avec son
corps, lequel sera ensuite brûlé, & les cendres
jetées dans la mer, en la forme susdite. Avons
en outre condamné la même Criminelle à la
confiscation de tous ses biens, au profit du Trésor & de la Chambre Royale, dans laquelle
confiscation seront compris ceux qui provien-

nent de la Couronne, par engagement ou autrement, & ceux qui font de nature de fiefs, & à toutes les autres peines qui ont été ordonnées pour l'extinction de la mémoire des Criminels Joseph Mascarenhas, & François d'Assise de Tavora.

Fait au Palais de Notre-Dame d'Ajuda, le 12 Janvier 1759.

Signé par les trois Secrétaires d'Etat Présidens.

Cordeiro, Pacheco, Baccalhao, Leina, Sonto, Oliveira, Machado.

Fut présent, & a signé le Procureur de la Couronne.

SENTENCE

DU TRIBUNAL DES ORDRES MILITAIRES,

Qui dégrade & livre au bras séculier ceux des Auteurs & Complices de l'attentat du 3 Septembre, qui étoient Commandeurs & Chevaliers desdits Ordres.

VU les Actes du Procès, les Lettres Patentes de Sa Majesté, & les ordres qu'Elle y donne, comme Roi & comme Grand-Maître, en vertu desquels ces Actes ont été remis à ce Tribunal compétent pour juger les causes criminelles des Chevaliers & Commandeurs des Ordres Militaires, même dans les cas de crimes de leze-majesté, de haute trahison & de rebellion contre la Personne du Roi & contre l'Etat, conformément à la Bulle de Notre Saint Pere le Pape Grégoire XIII, qui donne au Tribunal de Conscience & des Ordres, pleine & entiere jurisdiction, pour prononcer sur les crimes cidessus nommés, & condamner ceux qui en feront atteints, tant aux peines portées par les

Loix, qu'à celles d'expulsion & de dégradation desdits Ordres : les accusations formées dans ce Tribunal, par le Promoteur Fifcal des Ordres, nommé à cet effet, contre D. Jofeph Mafca-renhas, Duc d'Aveiro, Commandeur de l'Ordre de Saint-Jacques ; François d'Affife de Tavora, Marquis de Tavora, D. Jérôme d'Ataïde, Comte d'Atonguia, Commandeurs de l'Ordre de Chrift; & Jofeph-Emmanuel de Sylva Bandeira, Chevalier du même Ordre ; lefquelles accufations, attendu l'énormité des crimes qui en font l'objet, les preuves évidentes de ces crimes, & leur manifefte publicité, ont été rédigées fommaire-ment felon la forme de l'Ordonnance, & la teneur des ordres dudit Seigneur Roi ; la fixation faite aux Accufés du terme péremptoire de vingt-quatre heures, pour fournir leurs défen-fes *de jure & facto*, par le moyen du Procureur qui leur a été nommé à cet effet ; la citation perfonnelle des Accufés ; la communication faite à leur Procureur defdits Actes, afin que, dans le terme fufdit de vingt-quatre heures, il dé-duisît & alléguât, comme en effet il a déduit & allégué tout ce qui lui a paru & qu'il a fuppofé pouvoir fervir à la défenfe de fes Parties, dans ce qui regarde lefdites accufations : le contenu defdits Actes, defquels il réfulte que les fufdits

Accufés font originaires, natifs & habitans de ce Royaume, & par-là Sujets & Vaffaux de Sa Majefté, raifon qui fuffiroit feule pour rendre leur crime à jamais exécrable: que de plus, le Criminel Jofeph Mafcarenhas étant Grand-Maître de la Maifon de Sa Majefté, & en cette qualité, attaché plus immédiatement au fervice de fa Royale Perfonne; le Criminel François d'Affife de Tavora, Général & Infpecteur de toute la Cavalerie du Royaume, & Membre du Confeil de Guerre; le Criminel Dom Jérôme d'Ataïde, Officier des Gardes du Corps de Sa Majefté; ce triple titre de Vaffaux, de familiers intimes, & d'Officiers de confiance, leur impofoit une obligation plus indifpenfable de ne jamais s'écarter de l'inviolable fidélité qu'ils devoient à leur Souverain; obligation devenue plus étroite encore & plus facrée, par les bienfaits fans nombre qu'ils avoient reçus de la bonté & de la Royale munificence de Sa Majefté : que néanmoins lefdits Criminels, foulant aux pieds toute crainte de Dieu, & tout refpect pour les Loix divines & humaines, au lieu de la reconnoiffance qu'exigeoient d'eux les graces fignalées dont ils avoient été comblés, femblables aux bétes féroces, ne les ont payées que de coupables rebellions, de trahifons horribles, & d'une

ingratitude jufqu'alors fans exemple ; que s'u-
niffant dans une déteftable conjuration avec
d'autres perfonnes non moins abominables &
perverfes, ils ont confpiré d'un commun accord
contre la très-précieufe vie de Sa Majefté, qu'ils
ne fe font pas contentés de former cet infernal
complot, mais qu'ils ont porté leur facrilege &
exécrable audace, jufqu'à l'exécuter par le monftrueux attentat, commis par eux, contre la
Royale Perfonne de Sa Majefté, dans la nuit
du 3 Septembre de l'année derniere; que dans
cet attentat, ils ont, de deffein prémédité, &
enfuite d'une confédération dirigée à cet unique fin, tiré contre Sa Majefté ces téméraires
coups de carabine qui, tant dans la chaife qui
tranfportoit le Roi de la maifon *do Meyo* à celle
de *Cima*, que dans les habits dont étoit vêtue
Sa Majefté, & fur fa Royale Perfonne, ont caufé
l'extrême défordre & les dangereufes bleffures
qui font énoncées dans le Procès-verbal dreffé
pour conftater le corps du délit; qu'en conféquence de cette conjuration & confédération,
& de l'atrocité de l'exécrable attentat qui en a
été l'effet, lefdits Criminels font évidemment
coupables des crimes horribles de parricide, de
haute trahifon & de rebellion, contre le Roi
leur Seigneur, & comme Souverain & comme

Grand Maître, contre ſes Etats, contre la Patrie
où ils ſont nés, & contre les Ordres Militaires du
Royaume où ils ont fait profeſſion.

Tout mûrement examiné, & attendu la notoriété deſdits crimes de leze-majeſté au premier
chef dont leſdits Accuſés ſe trouvent convaincus ; ſavoir, le Criminel Dom Joſeph Maſcarenhas, tant par ſes propres aveux pluſieurs fois
réitérés & confirmés juridiquement, que par
les dépoſitions unanimes d'un grand nombre de
témoins oculaires, leſquelles ſuffiroient ſeules
pour les faire condamner, quand même il s'agiroit d'un autre délit dont la preuve ſeroit moins
privilégiée ; & les Criminels François d'Aſſiſe de
Tavora, & Jérôme d'Ataïde, malgré leur obſti-
nation à nier qu'ils ſoient Complices du même
attentat, par une multitude de preuves & de té-
moignages inconteſtables qui fourniroient dans
tous les cas une démonſtration complette, &
tels que les Loix l'exigent ; que non-ſeulement
leſdits Criminels ſont entrés dans la conſpiration & confédération ci-deſſus mentionnée, à
l'effet de commettre ce déteſtable & ſacrilege
parricide, mais encore qu'ils ont été préſens à ſon
exécution, & qu'ils y ont encouru de leurs ſoins
& perſonnes ; Nous déclarons les ſuſdits trois
Criminels, atteints & convaincus du crime de

leze-majeflé au premier chef, de haute trahifon, de rébellion & de parricide, contre leur Roi
& Seigneur légitime & naturel, contre leur
Grand-Maître, & contre leur Patrie; Nous les
jugeons & réputons exclus des Ordres où ils
avoient fait profeffion, les privons des habits,
Privileges, Commanderies & Bénéfices defdits
Ordres; les condamnons en outre à la confifcation de tous leurs biens, au profit du Tréfor
& de la Chambre Royale, & déclarons qu'ils ont
encouru les autres peines prononcées par les
Loix, contre de femblables crimes : En conféquence, Nous les dégradons & les livrons au
Bras & Juflice féculiere, & les condamnons
aux dépens.

Et quant à ce qui regarde l'autre Accufé, le
Chevalier Jofeph-Emmanuel de Sylva Bandeira,
ci-devant Ecuyer du Criminel Dom Jofeph
Mafcarenhas, vu qu'il n'y a pas contre lui de
preuves fuffifantes du crime dont il eft accufé,
de n'avoir pas, après l'attentat du 3 Septembre
dernier, dénoncé quelques-uns des Coupables
dont il avoit connoiffance, Nous le condamnons
à un exil perpétuel dans le Royaume d'Angola,
à la confifcation de tous fes biens, au profit
du Tréfor & de la Chambre Royale, & aux dépens.

FAIT au Palais de Notre-Dame d'Adjuda, dans le Tribunal des Ordres Militaires, le 11 Janvier 1759.

Signé par les trois Secrétaires d'Etat, qui conformément aux Lettres-Patentes que Sa Majesté a fait expédier, & comme Roi & comme Grand-Maître, ont préfidé à ce Jugement, en qualité de Commandeurs, Chevaliers & Membres defdits Ordres.

CORDEIRO, BACCALHAO, SONTO, BARBOSA, LEINA, OLIVEIRA, MACHADO.

Fut préfent & a figné le Promoteur-Fifcal des Ordres.

SENTENCE

SENTENCE

DE DÉNATURALISATION,

Prononcée par le Tribunal suprême de l'Inconfidence, avant le Jugement défi-nitif.

SUR les justes & pressantes représentations fai-tes à Sa Majesté par le Juge du Peuple, & le Conseil des Vingt-quatre de la fidelle ville de Lis-bonne, par lesquelles, attendu l'atrocité inouie jusqu'alors en Portugal, de l'exécrable attentat, commis dans la nuit du 3 Septembre de l'année derniere, contre sa Royale Personne, Sa Ma-jesté est humblement suppliée de daigner retran-cher de la société civile de ses fidelles Vassaux tous ceux qui seroient convaincus de cet énorme sacrilege, & ordonner, avant toute autre déci-sion ultérieure, qu'ils soient dénaturalisés & dé-clarés Etrangers, Vagabonds, & n'appartenant en rien au Peuple de ladite Ville de Lisbonne ; ce Peuple fidele ne pouvant voir, sans une xtrême déplaisir, donner encore le nom de Portugais à quiconque non-seulement se seroit écarté de la

h

foumiſſion & de l'obéiſſance due à ſon Roi &
Seigneur naturel, mais encore n'auroit pas té-
moigné d'une maniere ſpéciale la vive recon-
noiſſance que doivent à Sa Majeſté tous ſes Sujets & Vaſſaux, pour les bienfaits innombrables
dont Elle n'a ceſſé de les combler; bienfaits fort
au-deſſus de tous ceux que les autres Souverains
ont pu accorder juſqu'à préſent à leurs Sujets.

N o u s Conſeillers & Juges de Sa Majeſté
Très-Fidelle, Nous jugeons & réputons dénatu-
ralifés tous les Auteurs & Complices de cet
exécrable attentat, énoncés dans la Relation
ci-jointe; Nous les déclarons Etrangers, Vagabonds, & n'appartenant à aucune ſociété civile, & comme tels, privés du nom de Portugais,
& enſemble de tous les Privileges & honneurs
dont ils ont joui ſans en être dignes, en qualité de
Natifs & Habitans de ce Royaume: Nous ordonnons qu'ils ſoient déclarés & tenus pour tels,
c'eſt-à-dire, Vagabonds & retranchés de toute
ſociété civile. A l'effet de quoi, il ſera inceſſam-
ment envoyé copie de cette Sentence au Parlement & au Conſeil de Ville de Lisbonne, pour
en faire part au Conſeil des Vingt-quatre, & la
tranſcrire ſur les Regiſtres deſdits Parlement &
Conſeil de Ville, & par-tout où beſoin ſera, afin
que le contenu d'icelle ſoit public & notoire,

non-feulement au Peuple de ladite Ville de Lisbonne, mais encore à tous les Habitans de ces
Royaumes & Domaines.

FAIT au Palais de Notre-Dame d'Ajuda le
12 Janvier 1759.

Signé par les trois Secrétaires d'Etat Préfidens.

CORDEIRO, PACHÉCO, BACCALHAO, LEINA,
SONTO, OLIVEIRA, MACHADO.

Fut préfent & a figné le Procureur de la Couronne.

LETTRE

DU ROI TRÉS-FIDELLE

A L'ARCHÊVEQUE PRIMAT DE BRAGUE.

Révérendissime Pere en Jesus-Christ, Archevêque Primat de Brague, notre frere bien-aimé (1), NOUS LE ROI, vous saluons & vous souhaitons toute sorte de prospérités.

Par les deux Copies ci-incluses, signées de Sébastien-Joseph de Carvalho & Mello, de notre Conseil, & Secrétaire d'Etat des Affaires du Royaume, & auxquelles doit être ajoutée la même foi qu'aux originaux dont elles ont été tirées, vous serez instruit de la Sentence rendue le 12 de ce présent mois de Janvier, par le Tribunal de l'Inconfidence, contre les Coupables de l'horrible & sacrilege attentat, commis contre notre Personne Royale, la nuit du 3 Septembre de l'année derniere. Vous apprendrez aussi les ordres que Nous avons donnés à ce

____

(1) L'Infant Dom Gaspard, Archevêque de Brague, étoit frere naturel du Roi Joseph I.

fujet, & dont Nous avons confié l'exécution au Docteur François-Joseph de Serra Craesbeck de Carvalho, Chancelier du Tribunal de la Relation (du Parlement) de Porto, & qui y fait les fonctions de Préfident. Notre unique objet dans ces ordres, a été de mettre un frein aux excès des Religieux de la Compagnie de Jefus, dont le régime entiérement dégénéré de fon premier Inftitut, s'eft fait non-feulement Complice, mais encore le Chef principal des crimes atroces de leze-Majefté au premier chef, de haute trahifon & de parricide, mentionnés & condamnés dans la fufdite Sentence. Pour venir à bout de leurs déteflables projets, ces Religieux font allés jufqu'à abufer des fonctions faintes de leur miniftere, & corrompre les confciences des Criminels exécutés pour ces mêmes forfaits. Ils ont fait fervir à cette fin abominable les exécrables moyens qu'ils ont employés tant de fois dans des cas femblables ; tels que de répandre, de perfuader, à l'aide de cet abus qu'ils faifoient de leur faint miniftere, les mêmes erreurs machiavéliques, la même Doctrine empoifonnée, les mêmes maximes anti-évangéliques qui, comme hérétiques, impies, féditieufes, deftructives de la charité chrétienne, de la fociété civile, &

de la tranquillité publique des Etats, ont été
folemnellement condamnées, anathématifées &
profcrites par l'Eglife, principalement par les
Souverains Pontifes, Alexandre VII & Inno-
cent XI. Parmi ces déteftables erreurs, ainfi réprouvées par le Saint Siege Apoftolique, les
mêmes Religieux fe font attachés fur-tout à
fuggérer & réduire en pratique celles qui font
détaillées dans l'Edit que vous trouverez ci-in-
clus. Et comme il réfulte clairement, & de l'é-
vidence des preuves, fur lefquelles eft fondée la
Sentence du 12 Janvier, & de plufieurs autres
faits qui font parvenus à notre connoiffance &
que nous ne pouvons révoquer en doute, que
le but principal que fe propofoient les fufdits
Religieux dans leurs fecrettes machinations, étoit
d'infecter du poifon de leur pernicieufe Doctrine
non-feulement la Cour, mais encore toutes les
Provinces du Royaume, de furprendre la pieufe
crédulité des Fideles, de les aliéner par leurs funeftes & imperceptibles fuggeftions de leurs premiers devoirs de Chrétiens & de Sujets, d'étouffer dans leurs cœurs l'amour du prochain, le
refpect & l'obéiffance due au Trône. Nous
avons jugé à propos de vous faire part fans délai
de tout ce que nous venons de vous dire ; afin

que, duement averti de la nourriture empoifonnée que la méchanceté a prétendu donner
à vos ouailles, votre vigilance paftorale puiffe
prendre les précautions néceffaires pour les en
préferver, & faire produire à la vigne du Seigneur que vous cultivez avec tant de zele &
d'édification, de dignes fruits de vie & de falut.

Du Palais de Notre-Dame d'Ajuda, le 19
Janvier 1759.

LE ROI.

Fin des Pieces Juftificatives du Tome II.